LA COMPAGN
BELLA DEL MC
ROMANZO AUTOBIOGRAFICO

Giovanni Sestito

Note dell'autore

Caro lettore,

La compagna più bella del mondo è un romanzo a tratti autobiografico e a tratti allegorico che mira a esplorare la mia adolescenza, la mia crescita personale e l'incontro con una donna che ha cambiato la mia vita per sempre.

In questo lavoro, apro le porte a una profonda esplorazione delle sfumature dell'amore e della perdita, del dolore e della rinascita.

Il testo è un'allegoria della mia vita che mira a esplorare la profondità dei miei pensieri, le mie esperienze personali, narrate con sincera autenticità. Ho voluto realizzare quest'opera per riflettere sul valore effimero del tempo, sulla natura ineluttabile della morte e il significato profondo della vita. Penso che, con coraggio, si possa sfidare la propria fine e prendere il controllo del proprio destino. La mia vicenda personale lo dimostra.

La compagna più bella del mondo è una testimonianza della mia vita, dei miei pensieri e un omaggio all'amore per una persona che non c'è più.

Caro lettore, non aver paura di emozionarti e di immergerti insieme a me in questa riflessione.

Non mi resta che augurarti buona lettura.

L'autore
Giovanni Sestito

CAPITOLO 1°

E ra una di quelle interminabili giornate invernali, scure, tristi, che sembravano trascinarsi con lentezza.

Al calar della sera, il sole sembrava lottare per non scivolare oltre l'orizzonte. Il freddo pungente mordeva al di fuori della finestra.

Passavo la maggior parte del mio tempo a casa, a guardare la televisione o a giocare a carte con i miei cugini.

A volte uscivo con i miei genitori a trovare i parenti oppure alle feste paesane, o al parco. Ero spesso solo perché i miei genitori uscivano per lavorare in campagna.

Ma il momento che preferivo era quando parlavo al *baracchino*.

Il *baracchino* era una ricetrasmittente CB che avevo ricevuto in regalo da mio cugino, un automobilista che lo usava per comunicare con i colleghi. Lo avevo installato nella mia camera, collegandolo alla presa elettrica e all'antenna sul tetto. Avevo l'antenna più alta del paese, quasi 18 mt.

Adoravo il *baracchino*, perché mi dava la possibilità di parlare con tutte le persone del comprensorio che non conoscevo e che non mi giudicavano per la mia disabilità.

Per consentire ai miei interlocutori di conoscermi, avevo scelto come sigla Jolly, la figura delle carte da poker, perché mi piaceva molto giocare ed ero anche abbastanza bravo.

Grazie al *baracchino*, mi divertivo a scambiare battute, notizie, curiosità con gli altri "cibi," come si chiamavano tra loro gli utenti. Avevamo costituito anche un circolo di Radio amatori, AROC, con circa 120 tesserati. Avevo anche stretto delle amicizie particolari con alcuni di loro, come *Tigre*, un camionista simpatico e generoso, che mi raccontava dei suoi viaggi e delle sue avventure, oppure *Stella*, una ragazza dolce e intelligente, che mi parlava dei suoi sogni e delle sue passioni.
Consideravo il *baracchino* come una finestra sul mondo, che mi permetteva di esplorare e di conoscere cose che altrimenti non avrei potuto.

Passavo tutta la giornata con il mio apparecchio in mano e iniziavo a chiamare chiunque fosse in ascolto sullo stesso canale radio. Parlavo di tutto: potevo raccontare le mie storie, le mie fantasie, le mie emozioni. Potevo esprimere la mia personalità, il mio umorismo, la mia sensibilità.
Parlavo anche di cose che non capivo bene o che mi incuriosivano: di politica, religione, persino dell'amore.
Parlavo senza sosta, senza filtro, senza vergogna con tutti. Un giorno parlai per 14 ore consecutive senza fermarmi, pranzai con una mano mentre nell'altra tenevo il microfono.

Ero il punto di riferimento per tutti quelli che usavano la CB. Era piacevole parlare con me, le ragazze mi chiamavano e mi corteggiavano, ero anche un bravo poeta e spesse volte leggevo le mie poesie sulla frequenza radio.

Ricordavo ancora il giorno in cui avevo conosciuto *Penelope*, vero nome Alessia.

Viveva a Soverato, a circa 20 km da dove abitavo io.

Alessia aveva sentito la mia voce al baracchino e si era innamorata del mio modo di parlare. Da quel giorno, io c Alessia avevamo iniziato a parlare spesso, scambiandoci confidenze, risate, emozioni. Avevo scoperto che era una studentessa che amava la poesia e la musica, l'arte e il cinema, che aveva dei sogni e dei progetti.

Alessia era una ragazza dolce, sensibile, seducente, le avevo dedicato delle canzoni che lei ascoltava con divertimento. Mi capiva e mi apprezzava, non si faceva problemi per la mia disabilità.

Mi sentivo felice al *baracchino*, ero parte di una comunità, di una famiglia. Mi sentivo importante e stimato, vivo e libero.

Poi, un giorno, a causa di un guasto, per ventiquattro ore non ci fu corrente elettrica. Rimasi così solo, seduto come un poeta annoiato, sfogliavo i miei ricordi fatti di pagine ingiallite, ciascuna delle quali raccontava la storia di un giovane cuore, pieno di speranza e sogni.

La mia mente confusa si addentrava nei luoghi più nascosti e oscuri della mia esistenza. La disabilità, che mi aveva afflitto da sempre, era diventata una compagna silenziosa di ogni mia riflessione. Ogni passo, ogni pensiero, sembrava accompagnato da un'ombra che si faceva sentire soprattutto in momenti come questi, in cui la solitudine intessuta di ricordi si fonde con il gelido respiro dell'inverno.

Insieme a lei, il crepitio delle fiamme del camino rompeva qualsiasi silenzio.

Senza il *baracchino*, mi ritrovai a pensare a ricordi che pensavo di aver scordato per sempre. Fissavo il fuoco e mi soffermai su una domanda che tempo addietro mi fece mio zio: "Con quale donna è più piacevole la conversazione?"

Mio zio era una persona intelligente, ma anche enigmatica. Tendeva a parlare con proverbi e frammenti di canzoni dialettali, che spesso cantava con voce roca. In paese c'era chi lo ammirava per questa sua originalità e chi lo evitava, dandogli del matto.

La prima volta che sentii questa domanda fu a cena con dei parenti, quando ero ragazzino. Gli zii parlavano di donne, un argomento che ancora non mi interessava.

Conversavano su cosa rende una donna affascinante, l'aspetto fisico o la personalità. Lui era uscito con questa domanda, che nessuno comprese, neanche io.

Un altro zio aveva risposto che una bella donna può rendere una conversazione scarna molto più piacevole, in quanto poteva compensare la mancanza di argomenti con il piacere per gli occhi.

Mio zio, con la saggezza di chi ha percorso strade impervie, mi pose la stessa domanda altre volte nel corso della mia adolescenza, quando cominciavo anche io a parlare di ragazze. Era diventata una sorta di mantra che risuonava dentro di me e che non riuscivo mai a comprendere appieno. Non mi diede mai la sua personale risposta. Era un enigma che dovevo risolvere da solo, a suo dire. Mi ripeteva che avrei capito chi fosse la mia donna ideale semplicemente parlandoci insieme. Lì, avrei trovato una risposta alla sua apparentemente insignificante domanda.

Non so per quale motivo quella sua frase potesse vacillare nella mia mente, mentre il *baracchino* non dava alcun segnale di vita e se ne stava dormiente sulla scrivania della mia camera da letto.

Forse perché mi trovavo da solo e pensavo ad Alessia, alla sua voce delicata ma gracchiante per via del *baracchino*.
Era una delle ultime relazioni che avevo avuto al di fuori della mia famiglia. Le altre erano state tutte brevi e superficiali, come frammenti di un mosaico, ciascuno diverso dall'altro, ma tutti a loro modo incompleti. Non avevo mai condiviso qualcosa di importante, se non con Vittoria.

Lei era stata l'unica a soddisfare la domanda di mio zio con una risposta chiara. Ma da qualche tempo, anche lei non c'era più.

Certo, condividevo molto con Alessia, ma per me lei non era altro che una voce confortevole. Non l'avevo mai vista, anche se desideravo molto incontrarla. La conversazione con lei era piacevole, ma sentivo sempre una sensazione di vuoto sebbene lei riuscisse a farmi sentire a mio agio.

Così, mentre il crepuscolo si faceva sempre più scuro e il fumo del camino si librava nell'aria, continuavo a osservare le fiamme pensando al passato, a come avevo sempre cercato una persona in cui riconoscermi e a come, a un certo punto, l'avessi trovata e persa in un batter d'occhio.

Il freddo dell'inverno stringeva la sua presa sul mondo esterno, il fuoco dentro casa bruciava instancabilmente.

Mi sentivo solo e insoddisfatto, come se mi mancasse qualcosa nella vita per completarla e renderla interessante.

La vita mi sembrava una sinfonia mancante della parte del primo violino, un quadro privo di sfumature.

I miei coetanei, in quegli anni di spensieratezza giovanile, avevano già intessuto una rete di relazioni. Li osservavo mentre si perdevano tra le risate e i sussurri con le loro fidanzate. Io, invece, restavo spettatore di una pièce in cerca del suo protagonista.

Un briciolo di gelosia si insinuava in me di fronte alle nuove coppie che si formavano.

Accesi la TV per distrarmi. Era l'anno 1990, quello dei mondiali in Italia, delle "notti magiche," dei goal di Baggio e Schillaci, io avevo poco più di vent'anni, e andavano in onda le serie televisive americane. Ma non servì a nulla. Le immagini scorrevano silenziose sotto i miei occhi, senza senso e senza forma. Tutto ciò che vedevo erano solo i miei pensieri.

"Il silenzio è d'oro, ma a volte è anche di piombo" era un'altra frase che diceva spesso mio zio. Solo in quell'occasione, di fronte alle fiamme che danzavano e si contorcevano come ballerine, capii cosa intendesse.

Ero immerso nel mio silenzio, le parole si ritirarono per far spazio all'introspezione. Sobbalzai quando un legno nel caminetto, quel fedele compagno di fiamme danzanti, emise uno scoppiettio improvviso. Mi accorsi che la grande fiamma stava perdendo vigore, segno che il fuoco si doveva ravvivare.

Mi mossi per risvegliare l'ardore delle fiamme con una nuova bracciata di legna. La fiamma tornò vivida e si levò maestosa, scoppiettando decine di volte ancora come una sinfonia di applausi per celebrare la sua rinascita.

Il suo calore riprese a scaldarmi, avvolse tutta la stanza come un abbraccio, si diffuse attraverso ogni angolo.

L'aria era intrisa di profumi che si mescolavano in una fragranza intensa. L'abete e il fumo della legna incenerita, la luce soffusa, il calore che si diffondeva mi avvolgevano come un mantello protettivo, un rifugio sicuro dal freddo mondo esterno.

Mentre il giorno cedeva il passo alla notte, il cielo si tingeva di tonalità dorate. Le nuvole e le cime delle montagne si lasciavano baciare dagli ultimi raggi di sole, sembrando amanti che si scambiano promesse silenziose.

Le coperte invernali erano un abbraccio pronto a cullarmi nella quiete del riposo.

Anche il divano, con i suoi cuscini morbidi, mi invitava a sprofondare avvolto nella morbidezza, per rilassarmi ancora di più.

Continuai a fissare il movimento delle fiamme, il loro crepitare a ritmo.

E mentre il sonno iniziava a cullarmi con le sue dolci promesse, mi abbandonai alle meditazioni sui sentieri tortuosi che la malattia aveva tracciato nella mia vita.

Mi succedeva spesso di pensare alla mia condizione di disabile e come sarebbe stato il mio futuro: quali prospettive avrei avuto, quali evoluzioni avrebbe avuto la mia malattia, che aveva gettato un'ombra di incertezza sulla mia vita e mi aveva costretto ad affrontare sfide che i miei coetanei non avrebbero mai dovuto conoscere.

Non ero felice, ma ero sereno, come un navigatore che, pur affrontando onde burrascose, trova la quiete nel cuore della tempesta. Le difficoltà e le limitazioni imposte dalla malattia erano divenute per me pietre di costruzione, fondamenta per un edificio di resilienza e forza d'animo.

Nel dormiveglia, volsi lo sguardo verso la finestra, che presentava della condensa. Allungai il braccio e tirai velocemente le tende di una delle aperture lasciando uno spiraglio.

La stanza era un'isola di calore e tranquillità nel mezzo di un mare di inverno. La casa stessa sembrava respirare con me.

La tranquillità durò ancora poco. Il telefono squillò improvvisamente, strappando alla stanza il suo incanto silenzioso.

CAPITOLO 2°

In un primo momento, pensai di ignorare il telefono e tornare ai miei pensieri, rilassandomi davanti al focolare e al contempo provando quella sensazione di malinconia che si annidava sulle mie spalle.

Dall'altro capo, la persona insisteva con una tenacia noiosa, squillando due, tre, quattro volte. Il continuo ripetersi di quella fastidiosa melodia mi importunava. Così, sollevai il capo e, con un misto di curiosità e fastidio, mi decisi a rispondere.

«Pronto? Chi parla?» risposi con la gola secca e irritata. Tossii, per togliere il pizzicore.

«Parlo con il signor Jolly?» rispose una voce femminile dall'altro capo del telefono.

Conosceva il mio nome da *baracchino*. Non era Alessia, non era la sua voce. Doveva essere una delle altre ragazze che aveva partecipato alle mie conversazioni e di cui non ricordavo il timbro. Non riuscii a riconoscerla.

«Sì, sono io. Chi mi desidera?» risposi.

«Sono io!» rispose con una risatina, come se fosse assurdo che non l'avessi riconosciuta.

Mi sentii improvvisamente imbarazzato, come se un riflettore fosse stato acceso su di me.

«Mi perdoni. Non la riconosco, mi può dire il suo nome, gentilmente?» le chiesi con tono curioso.

«È un po' che la seguo, signor Jolly» rispose evitando la mia domanda.

«E perché mi sta seguendo? Cosa vuole da me? Mi dice gentilmente come si chiama?» le domandai con fermezza e con un po' di frustrazione.

Lei ridacchiò: «La seguo perché voglio farle una proposta che non potrà rifiutare».

«Mi può dire il suo nome?» chiesi nuovamente, dicendo a me stesso che dovessi riattaccare, che si trattasse di una burla.

La sua voce, sicura di sé, rispose con una nota di sfida: «Qualunque sia il mio nome, non ha importanza per adesso. Voglio parlarle seriamente».

Rimasi stranito da quell'affermazione.
No, non era uno scherzo. La sua voce era troppo ferma e convinta. Ma nonostante fossi stranito, quelle parole fecero breccia dentro di me, come se avessero trovato una fessura nel mio spirito.

Credetti di aver esagerato con la legna da ardere perché il calore che percepii mi avvolse forte. Cominciai a sudare e strinsi forte il telefono:

«Quale sarebbe la proposta?» le chiesi con un leggero tremore nella voce.

Cercai di dare un volto alla mia interlocutrice: doveva essere giovane, ma non una ragazzina, con un volto che portava con sé l'aura della maturità.

Immaginai una figura ben vestita e pettinata, con un viso acqua e sapone, pulito. Forse aveva occhi chiari e labbra rosee.

«L'ho chiamata per parlare con lei e per proporle di lasciare per sempre la sua compagna» rispose la sua voce misteriosa.

Mi sentii ancora più confuso. Di quale compagna stava parlando?

Vivevo da solo da un po' di tempo, da quando Vittoria se n'era andata, portando via con sé le risate e la gioia della nostra relazione. La mia casa era diventata un rifugio, un tempio di solitudine. I miei genitori erano spesso in campagna, a raccogliere un po' di foraggio per gli animali.

Io me ne restavo spesso solo tra quelle mura, svagandomi come potevo. Non avevo nessuna compagna.

«Alessia non è la mia compagna» risposi d'istinto».

«Ma infatti non parlo di Alessia» mi rispose.

Rimasi quindi attonito. Non frequentavo altre donne a quei tempi.

Sentendomi silenzioso, riprese il discorso: «La proposta è semplice. Le offro la possibilità di entrare in un mondo nuovo, dove potrà esprimere il suo vero potenziale e scoprire chi è veramente».

«Cosa intende dire? Io esprimo già il mio vero potenziale, non ho bisogno di cambiare nulla. Mi dica chi è questa compagna di cui parla» le risposi con voce tremante, illuso di mostrarmi forte e deciso.

«La sua risposta non dovrebbe consistere in altre domande. Deve solo rispondermi sì».

«Ma lei chi è? Non posso accettare qualcosa che non comprendo. Cosa mi sta dicendo? Di che compagna parla? Quale mondo nuovo?» le domandai cercando di sondare le reali sue intenzioni.

«La vedo, sa? Lei conduce una vita noiosa e monotona, non esprime per niente il suo potenziale e lo sa bene. Se ne sta seduto in camera sua tutto il giorno a raccontare storie a sconosciuti tramite una ricetrasmittente. Fissa il fuoco e al massimo parla con i suoi parenti che vengono a farle visita.
E tutto questo è colpa della sua compagna. Allora, cosa sceglie? Resta con lei o segue me per cambiare questa routine di tortura?»

Restai in silenzio. Quella donna mi vedeva, mi conosceva. Mi aveva spiato. Mi sentivo sempre più confuso e non riuscivo ad avere risposte alle mie domande.

«Io non sto capendo nulla di quello che mi sta dicendo. Ho bisogno di chiarimenti, mi sta spaventando» le dissi confessando tutto ciò che sentivo.

Lei, con un tono di disapprovazione, mi disse: «Non ha tempo. Deve decidere ora» replicò con tono accusatorio, rendendo il tempo come una morsa che si stava stringendo attorno a me.

«Ma lei chi è veramente?» chiesi di nuovo, sperando di ottenere finalmente una risposta.

Lei ridacchiò nuovamente: «Lo scoprirà solo rispondendo di sì alla mia proposta» mi rispose.

Io restai sospeso, tra stupore e dubbio, come un viandante che ha smarrito la strada. L'assurdità delle sue parole rendeva la realtà inverosimile.

La paura si impossessò di me e riattaccai in fretta il telefono. Non trascorse neanche un secondo, per concedermi di comprendere appieno quello che stava succedendo.

Squillò nuovamente, poi ancora e ancora. Provavo a ignorarlo, ma era impossibile. Alla fine, sollevai nuovamente la cornetta, senza dire nulla.

La voce della donna era ora carica di tristezza: «Comprendo la sua decisione, è un bivio difficile. La rispetto per ora, ma non ritirerò la mia proposta così facilmente»

«Mi dica di più, se vuole ottenere la mia approvazione» la invitai cercando di scoprire di più su ciò che mi stava accadendo.

Quella sua voce aveva qualcosa di familiare, di confortante. Era materna e invitante, ma non stava dicendo assolutamente nulla. Parlava di quella misteriosa compagna e io non facevo che pensare a Vittoria. Per anni mi ero chiesto dove fosse andata, se fosse davvero scomparsa, se stesse bene. Per questo, cercai maggiori informazioni da quella donna, ma invano:

«So molte cose su di lei. So che è uno scrittore di poesie. So che ha dato alle stampe un libro dal titolo: "Quando incontrerò Dio, gli chiederò...". È davvero questo il suo desiderio? Incontrare Dio? La posso accontentare» disse.

«Come fa a conoscere ciò che ho scritto? Le mie poesie sono nascoste in un quaderno segreto. Non le ho mai pubblicate» risposi.
Poi, però, ricordai di averle lette a tante ragazze attraverso il *baracchino*. Era per forza una di loro, ma perché farmi questo scherzo crudele?

«Lo so, le tiene nascoste in un cassetto - mi rispose - molte le ha dedicate anche a me».

Mi sentii violato e sconvolto. Non capii come sapesse dove tenevo il mio quaderno. Aveva forse tirato a indovinare.

«La prego - continuò - lasci quella sua crudele compagna e accetti di seguirmi. Glielo sto chiedendo a cuore aperto, potrò liberarla da qualsiasi dolore e rispondere a tutte le sue domande».

«Mi dica chi è questa compagna - gridai nella cornetta - Me lo dica, è forse Vittoria? La conosce?»

«Vittoria - si soffermò sul suo nome, che risuonò nella mia mente suscitando in me dolore e lacrime - sì, la conosco e posso mostrarle dove si trova ora. Deve solo accettare di seguirmi» mi rispose.

Sentii come una mano che si tendeva verso di me. Era così vicina che potevo sentirne il profumo. Fui tentato di afferrarla. Vittoria mi stava spingendo a farlo. Non la vedevo da anni e ancora non sapevo come stesse, se fosse viva. Ma poi, mi ritrassi spaventato e agganciai di nuovo la cornetta.

Il suono, come un tamburo battente, segnò il termine di un dialogo assurdo. Ero senza fiato. Mi sentii un naufrago smarrito nell'oceano. Il mio rifugio tranquillo era stato invaso dalla paura. Il mio cuore batteva senza sosta, confuso e desideroso di sapere di più.

CAPITOLO 3°

S pesso andavo al parco del mio paese, Chiaravalle, a leggere, per prendere una boccata d'aria. Il parco era vicino la chiesa e c'erano molte panchine.

Mi accompagnavano gli amici o i miei genitori, restavo per qualche ora e poi tornavano a prendermi. Da poco avevo acquistato una nuova sedia rotelle e mi sentivo finalmente più libero di vivere le mie giornate fuori casa, all'aria aperta, tra i sorrisi delle persone e il vento fresco.

Un giorno ero solo, seduto vicino una panchina, intorno a me c'erano le mamme dei bambini che discutevano dei loro interessi.

Accanto a me, un albero con rami bassi catturò la mia attenzione: un palloncino appeso a un filo si impigliò tra le sue fronde. Accorse una giovane ragazza, con chiari capelli, lisci come seta, che tentava con grazia di liberare il palloncino intrappolato.

«Posso aiutarti?» chiesi con un sorriso.

La ragazza mi guardò con occhi curiosi, soffermandosi sulla presenza della mia sedia a rotelle, e sorrise: «No, ma sei molto gentile».

«Il filo si è intricato tra i rami - le dissi cercando di ren-dermi utile - Se non spezzi quel minuscolo rametto, sarà impossibile liberare il tuo palloncino. Peccato che non mi posso avvicinare, altrimenti lo avrei fatto io per te».

Lei mi diede una seconda occhiata sorridendo e, prima di ascoltare il mio consiglio, si portò i capelli dietro l'orecchio, mostrando un orecchino a forma di fiore. Do-po qualche semplice manovra, recuperò il suo palloncino: «Grazie per l'aiuto, ci avrei messo molto più tempo senza di te» mi disse allontanandosi a piccoli passi.

Dissi a me stesso che non potessi lasciarla andare così e la voce mi uscì dal nulla: «Ti piacciono le poesie?» le chiesi.

Lei arrestò il passo e si voltò sorridendo. Alzò le spalle e mi rispose di sì. Le dissi che stavo leggendo un libro di poesie proprio in quel momento e che, se desiderava, po-tevo condividerle con lei.

«Mi piacerebbe» disse con un sorriso un po' timido, guardandosi attorno, come se qualcuno la stesse cercan-do.

Io sfogliai il mio libro con un po' di attesa, sperando di trovare una poesia che potesse piacerle. Mi soffermai su una in particolare, una romantica, che mi piaceva leggere immaginando la mia donna ideale:

«Ecco questi versi sono di un poeta medievale - schiarii la voce - Se la bellezza vostra dipartisse / il roseto perderebbe il profumo, / sole e luna non farebbero l'eclisse / e nel cuore morirei senza lumo»

Lei rimase immobile per qualche secondo, assicurandosi che fosse davvero finita. Poi batté leggermente le mani, sorridendo:
«Non avevo mai letto una poesia medievale, grazie per questa bellissima opportunità - mi disse con un viso che avrei tanto voluto accarezzare e rivedere altri giorni della mia vita - Ma tu chi sei? Da dov'è sbucato un romantico come te?»

«Mi chiamo Giovanni, Jo per gli amici - aggiunsi per metterla a suo agio - Abito nelle vicinanze, ma sono qui a leggere in tranquillità. Tu come ti chiami?»

Lei tornò indietro di qualche passo, poi esitò: «Mi chiamo Vittoria, ma adesso purtroppo non posso trattenermi. Devo riportare il palloncino al mio bambino. Cioè, non è mio figlio, è di una mia amica, Arianna, me ne sto prendendo cura» mi disse.

La invitai allora a occuparsi del piccolo, dicendole che era un gesto molto gentile da parte sua. Sorrise un'ultima volta e sgattaiolò via tra i bambini che giocavano felici.
La osservai mentre si allontanava, sperando che prima o poi tornasse.

Da quel momento nacque un'amicizia speciale. Vittoria iniziò a frequentare casa mia quasi tutti i giorni. Scoprii che amava la poesia, proprio come me. A volte, si dilettava a scriverne qualcuna, ma la teneva gelosamente custodita in un quaderno con delle farfalle sulla copertina.

Le chiedevo spesso di leggerne alcune, ma lei mi diceva che erano meglio le mie. La poesia è personale. È bella quando è scritta con il cuore.

Pian piano, vinse la sua timidezza, tanto che, poco tempo dopo il nostro primo incontro, decidemmo di partecipare insieme a un concorso di poesia indetto nel mio paese.

Volevo tanto che Vittoria mostrasse alle persone quello che sapeva fare e che esprimesse le sue emozioni. Quando accettò, fui molto felice. Sperai che vincesse lei, in modo da dimostrarle che le sue poesie meritassero di essere lette.

Presentammo una poesia a testa e io vinsi il concorso.

Era un momento indimenticabile che rese la nostra amicizia ancora più speciale.

Il nostro trionfo al concorso di poesia diede il via a una nuova avventura per me e Vittoria. La nostra amicizia, incorniciata da versi e rime, brillava come un gioiello prezioso.

Spesso Vittoria mi chiedeva di uscire insieme, di farci una passeggiata, ma io dovevo muovermi in carrozzina e temevo che questa fosse una limitazione.

Dopo la vittoria, decidemmo di esplorare il mondo delle parole insieme, continuando a scrivere e a condividere la nostra passione per la poesia.

Le giornate al parco diventarono il nostro ritrovo, dove sotto gli alberi e il cielo aperto, plasmavamo versi che raccontavano le nostre esperienze e i nostri sogni. La poesia si trasformò in un linguaggio segreto tra noi, un modo di comunicare le emozioni che le parole comuni spesso non riuscivano a catturare.

La nostra amicizia non era solo una connessione tra due persone, ma diventò una fonte di ispirazione reciproca per le nostre opere. Ogni parola scritta, ogni poesia condivisa, era un passo in più nel nostro viaggio insieme. E così, la nostra storia di amicizia continuò a crescere, come un poema senza fine, intessuto con i fili d'oro dei nostri cuori uniti.

Passarono giorni, mesi, guardavo Vittoria con occhi diversi, colmi di ammirazione, i miei sentimenti per lei erano cresciuti nel tempo come un delicato fiore che sboccia. Ogni suo sorriso, risata condivisa e ogni momento passato insieme alimentava il calore di un amore che si faceva sempre più profondo.

Ma ero spaventato. La nostra amicizia era così preziosa, così solida, che temevo che l'espressione dei miei sentimenti potesse rischiare di cambiarla, di mettere in pericolo quel legame speciale che avevamo costruito insieme.

Le notti silenziose portavano con sé pensieri taciuti e desideri inespressi.

Cercavo di nascondere la profondità dei miei sentimenti dietro sorrisi amichevoli, consapevole che la linea tra l'amicizia e l'amore può essere sottile come una ragnatela.

E così, mi ritrovavo a nutrire il mio amore in silenzio, sperando che un giorno il coraggio potesse superare la paura. Cercavo segnali nei gesti di Vittoria, sperando che lei potesse intuire la verità senza che io dovessi pronunciarla.

Poi, nella mia mente, ripensavo a Sofia. L'avevo conosciuta qualche anno prima in un modo molto simile, mentre me ne stavo nello stesso parco con un amico, a raccontarci le nostre avventure.

Lui era un tipo abbastanza espansivo e adorava le ragazze. Quel giorno, vedemmo Sofia e una sua amica sedute su una panchina. Io mi soffermai sul viso di lei: era mora, con la pelle di porcellana, emanava un senso di sicurezza.

Il mio amico, Diego, come spesso faceva per mettermi in imbarazzo, chiamò la ragazza: «Il mio amico dice che sei molto bella» le urlò e io sprofondai in un imbarazzo totale.

Aggiunse anche che ero un poeta e che le avrei letto poesie tutti i giorni della sua vita. Io mi aspettavo che quelle due belle e giovani ragazze si allontanassero imbarazzate.

Invece, dopo aver lanciato qualche sguardo verso di noi, si avvicinarono.

Parlammo per tutto il pomeriggio, le portammo anche a cena. Pagammo io e Diego. Sofia mi chiese di incontrarci di nuovo e io le dissi che mi avrebbe fatto molto piacere.

Mi chiese di fare una passeggiata, ma io, non avendo la carrozzina, con molta tristezza, rifiutai.

Non volevo che gli altri mi guardassero e si rendessero subito conto che fossi disabile. Volevo che le persone mi conoscessero prima di tutto per la mia personalità, per il mio modo di pormi, di parlare, di vestirmi. Certo, non ho mai potuto nascondere ciò che sono, ma almeno volevo dare un'impressione diversa.

Non mi piacevano le sedie a rotelle, né manuali, né elettriche. Volevo vedere il mondo come tutte le altre persone, non da seduto. Il tutto lo facevo non senza difficoltà.

Le mie gambe non mi reggevano. Avevo sempre bisogno di un supporto esterno, di un amico o un parente che si assicurasse che andasse tutto bene.

Poi entrò nella mia vita Sofia, con quello sguardo dolce e la voce delicata.

Desiderando che io potessi vivere esperienze più ampie e condividere la sua passione per l'arte e la poesia senza limitazioni, decise di affrontare la questione con sensibilità e decisione.

Un giorno, mentre eravamo a casa mia a parlare seduti vicino al caminetto spento, Sofia mi guardò negli occhi pieni di preoccupazione. «Jo, so che non vuoi prendere una sedia a rotelle, ma credo che possa aprirti nuove possibilità, consentendoti di esplorare il mondo in modo diverso».

Aggrottai la fronte. Ero sorpreso e un po' riluttante. «Non so, Sofia. Non mi sento a mio agio con l'idea. Non voglio che la mia disabilità diventi il centro della mia vita. Non voglio che la gente mi tratti diversamente».

Sofia sorrise con dolcezza: «Capisco, Jo, ma immagina la carrozzina come un nuovo strumento per esplorare il mondo, non come una limitazione. Immagina tutte le avventure che potremmo vivere insieme se avessi una sedia a rotelle. Potremmo andare ancora più lontano, affrontare nuove avventure senza doverci preoccupare di quanto possa essere faticoso per te. Andare in posti nuovi, partecipare a eventi culturali, gite, esplorare il mondo dell'arte senza limiti».

Le sue parole mi fecero riflettere. Mi resi conto che Sofia voleva solo il meglio per me.

Dopo un momento di silenzio, dissi: «Forse hai ragione. Ma non voglio che diventi un simbolo di pietà o di limitazione».

Sofia mi prese la mano con affetto: «La sedia a rotelle non definisce chi sei. È solo uno strumento che ci consentirà di condividere ancora più momenti speciali insieme».

Forse c'era un modo per superare le mie paure e accettare un nuovo modo di vivere. Abbiamo trascorso giorni a esplorare le opzioni e a immaginare tutte le possibilità che una carrozzina avrebbe potuto offrirmi.

Alla fine, ho preso quella decisione importante. Ho accettato la carrozzina non solo come un mezzo di locomozione, ma come un simbolo di libertà e di nuove opportunità. Sofia aveva il dono di vedere il potenziale che spesso sfuggiva agli occhi di tutti gli altri.

Ogni giorno diventò un nuovo capitolo di avventure, e la sedia a rotelle divenne un simbolo di libertà anziché di limitazione.

Così, con il sostegno di Sofia, iniziai un nuovo capitolo della mia vita, spinto da una forza interiore che solo un'amicizia così profonda poteva ispirare. E insieme, abbiamo continuato il nostro viaggio, superando ogni ostacolo con la consapevolezza che la vera forza risiede nell'accettare il cambiamento e nell'affrontare la vita con coraggio.

Con Sofia partecipammo a eventi culturali, esplorando gallerie d'arte e frequentando serate di poesia e vari incontri letterari.

Era un periodo della mia vita in cui ogni giorno era un viaggio attraverso le parole, i versi e le risate con la mia cara amica Sofia.

Tuttavia, lei non ricambiò mai davvero il sentimento che provavo per lei. Certo, eravamo molto amici, mi supportava, stavamo a parlare per ore senza stancarci mai.

Ma quando decisi di aprirmi con lei, mi disse chiaramente che non voleva avere altro che una bella amicizia con me. Non l'avevo persa, ma mi sentii ferito. Le cose peggiorarono quando lei, poco dopo, conobbe un ragazzo e io preferii allontanarla del tutto per non soffrire ogni volta che vedevo il suo bel viso.

L'ultima volta che la vidi, fu qualche tempo dopo la sua conoscenza con il suo nuovo compagno. Io e Sofia ci trovavamo al nostro luogo speciale nel parco. L'atmosfera, una volta permeata dalla gioia e dalla risata, era ora carica di un'emozione pesante, difficile da esprimere a parole.

Sofia giocava a torcere le ciocche dei suoi capelli, prese un paio di forbicine nella sua borsetta, tagliò una piccola ciocca e me la diede e disse: «Ecco, questa la puoi tenere per ricordo».

Non compresi appieno quel suo gesto. Mi tremarono le mani ancor prima che parlasse.

«Giovanni - iniziò con la voce tremante - ci sono alcune cose che devo dirti».

Ero seduto accanto a lei, avvertendo un nodo nella gola. Immaginavo che non sarebbe stato nulla di piacevole per me: «Cosa succede, Sofia?»

Inspirò profondamente prima di parlare: «Il mio futuro con il mio fidanzato è lontano da qui. Dobbiamo trasferirci per lavoro, per amore. Non so quanto tempo ci vorrà».

Annuii lentamente, sentendo un vuoto che si apriva dentro di me: «Capisco»

La panchina sembrava ora un confine invalicabile, simbolo di un'amicizia che, nonostante tutto l'amore, avrebbe dovuto affrontare la separazione. Fissai il terreno, cercando di trattenere le lacrime.

Sofia prese la mia mano tra le sue: «Tu sei e sarai sempre una parte importante della mia vita, Giovanni. Non voglio che dimentichi quanto ti voglio bene»

Annuii, gli occhi brillanti di lacrime non versate: «Anche io ti voglio bene, Sofia. Ti auguro tutto il meglio dalla vita».

Il nostro abbraccio di saluto fu lungo e intenso, carico di una tristezza profonda. Poi, lentamente, ci separammo, e Sofia si allontanò lungo il sentiero, lasciandomi solo sulla panchina, a guardare il sole che tramontava e a riflettere sulla natura dolorosa, ma inevitabile delle separazioni.

Avevo paura che con Vittoria succedesse qualcosa di simile. C'erano molte somiglianze nei due incontri e temetti di essere ferito di nuovo. Così, esitai molto prima di esprimere i miei sentimenti. Tuttavia, Vittoria era molto più coraggiosa di quanto mi aspettassi.

Vittoria

CAPITOLO 4°

Non condividevo la mia vita con nessuno dal giorno in cui Vittoria si era allontanata.

Ero sempre stato un tipo sentimentale e romantico, ma allo stesso tempo mi piaceva stare da solo. Nel silenzio, che per me era pace e armonia.

Vittoria e io, spesso, trascorrevamo ore fianco a fianco senza dirci nulla, mentre ci immergevamo tra le pagine di un libro, guardavamo le stelle o lasciavamo che il suono della pioggia oltre la finestra ci cullasse.

Il silenzio che ci avvolgeva, che per molti può essere opprimente, per noi rappresentava il collante che rafforzava il nostro legame, indissolubile come la pietra.

Molti cercano di riempire il vuoto con le parole, a noi bastavano i nostri sguardi. Trovavamo la bellezza nei gesti, in quell'essenza concreta che ogni giorno donava vita al nostro legame.

Dopotutto, la comunicazione non si basa solo sulle parole, ma anche sul linguaggio non verbale, come lo sguardo, il gesto, l'espressione. A volte, le parole possono essere inutili o ingannevoli, mentre lo sguardo può trasmettere emozioni, sentimenti, intenzioni. Lo sguardo può creare un legame tra due persone che si capiscono al di là delle parole, che si sentono vicine e in sintonia.

Riuscivamo ad accorrere ai bisogni l'un dell'altro senza dover fare domande. Sono sempre stato convinto che le relazioni durassero perché i due amanti non prevaricavano sull'altro esprimendo i propri pensieri. Pensieri che a volte possono ferire, confondere, allontanare.

Vittoria era l'incarnazione di bellezza e grazia, un quadro vivente dai contorni perfetti. Dai lunghi capelli castani chiari, fino agli occhi azzurri profondi, aveva il potere di rapire l'anima, un sorriso che poteva illuminare le ombre, un cuore che spaziava come il cielo e una voce che svelava melodie.

Il profumo di vaniglia che emanava era un abbraccio profondo, il suo tocco e il suo bacio, dolce come il nettare dei fiori.

Vittoria, nonostante la giovane età di diciannove anni, era un vero esempio di donna, elegante e raffinata e, al di là della bellezza fisica e dell'aspetto curato e armonioso, del bel seno o le labbra colorate, vi era un'eleganza nei suoi gesti, fluidi e sinuosi.

Sembrava una modella.

Soprattutto, era una ragazza spensierata. Le dicerie e le convenzioni sociali erano come foglie portate via dal vento, incapaci di sfiorare il suo spirito libero. Le regole erano solo onde che si spezzavano contro la sua determinazione.

Il suo amore per me fluiva come un fiume in piena, portando gioia e sicurezza alle rive del mio cuore.

Mi ripeteva spesso che una donna autentica ti incanta con la sua presenza calda, senza cadere nella trappola della volgarità del corpo.

Non importa tanto l'apparenza, l'abbigliamento, l'età o il trucco, ma è la classe e la forza del carattere a definirla.

Le piaceva sottolineare che l'autentica essenza femminile risiede nella capacità di godere tutto di essa, non solo del piacere fisico sessuale, ma anche della delicatezza di sedere con le gambe a cavalcioni sulle tue e condividere carezze.

La vera donna, affermava, ha una tale considerazione per se stessa che affronta il proprio dolore con dignità e riserbo, senza rivelarlo o scaricarlo sugli altri.

Questi erano insegnamenti che Vittoria mi trasmetteva con costanza. Era convinta che una vera donna fosse quella che abbracciava la propria autenticità, sfidando le mode e i cliché imposti dalla società.

Solo noi sapevamo di essere innamorati. E io, inconsapevole di quanto fosse straordinaria la mia fortuna, mi tuffavo in quel fiume d'amore.

Sulla mia strada non avevo mai incrociato una ragazza o donna come lei. Lei era come una madre protettrice. La sua mano mi sollevava nelle difficoltà, le sue parole erano balsamo alle ferite dell'anima.

A differenza di altre ragazze che avevo conosciuto in passato, magari tramite passaparola o lettere, Vittoria aveva visto da subito la mia disabilità.

Eppure, il suo amore andava oltre il guscio del mio corpo. Vedeva e abbracciava la mia essenza, trasformando la disabilità in un tratto distintivo della mia identità.

Dopo averla incontrata la prima volta, ci siamo rivisti un pomeriggio dopo l'altro, soprattutto quando non doveva badare al bambino della sua amica. Si posizionava accanto a me e passeggiava al mio ritmo lento. Quando ero troppo stanco, si proponeva di spingere la carrozzina.

Mi teneva compagnia parlandomi, raccontandomi di lei, del suo passato, della sua visione del mondo.

Vittoria abitava ad Argusto un paese di poche centinaia di abitanti vicino al mio. Era cresciuta in una famiglia con genitori separati ed era stata affidata alla madre. Era cresciuta in un ambiente apparentemente sereno.

Purtroppo, i continui contrasti all'interno della sua famiglia non l'avevano aiutata a crescere sempre tranquilla e sicura di sé. Aveva sempre bisogno che qualcuno le ricordasse quanto fosse meravigliosa.

Finito il liceo, aveva deciso di iscriversi alla facoltà di lettere che, però, distava molto dalla casa in cui era cresciuta. Così, aveva preso una decisione: si sarebbe trasferita vicino al mio paese, dai nonni per studiare in pace, in una casa tranquilla e immersa nel verde. Sarebbe tornata dalla madre solo durante le varie sessioni di esami.

Vittoria era una studentessa eccellente. Alla sua prima sessione aveva preso tutti trenta. Studiava con facilità, con la stessa con cui si rivelava gentile nei confronti del prossimo.

Ecco perché si ritrovava con molto tempo libero, che aveva deciso di dedicare a un piccolo lavoretto nel bar del mio paese e alla lettura.

Poi sono arrivato io. Non si sarebbe mai aspettata di fare amicizia tanto in fretta con qualcuno. Eppure, eccoci lì, a prendere un gelato o a guardare il laghetto con le papere.

Inizialmente, Vittoria non vedeva la mia disabilità, mi trattava come se non fossi su una sedia rotelle. Mi diceva di seguirla in discese impervie, per poi portarsi la mano alla bocca e chiedermi scusa sorridendo. Mi porgeva degli oggetti convinta che potessi alzarmi e afferrarli, per poi avvicinarsi a me e, di nuovo, scusarsi con le guance porpuree.

Poi, imparò a conoscere ogni limite del mio corpo, ogni confine delle mie capacità, eppure non si ritraeva, non si allontanava. Le avversità non trovavano posto nel suo cuore, in cui non albergavano pregiudizi, lei mi accoglieva nella sua interezza senza riserve. Vittoria, diversamente da chi avevo conosciuto prima e che erano svanite dopo pochi mesi, si ergeva al di sopra delle maschere, non si faceva condizionare dall'apparenza.

E io l'amavo con tutto me stesso: per la sua bellezza, per la sua bontà, e per come mi faceva sentire vivo e abbracciato da un amore autentico.

Nella sua vita aveva attraversato burrasche e tempeste, per via della sua situazione familiare, eppure la sua forza risplendeva come il sole dopo la pioggia.

Le confidavo i miei sogni, le mie paure, le mie speranze. Era un'ascoltatrice attenta e mi capiva come nessun altro, era la chiave che apriva i lucchetti dei miei pensieri.

Vittoria ormai era diventata un tassello fondamentale del mosaico della mia vita. Ogni domenica, passava da casa a prendermi e ci recavamo in chiesa insieme. Anche lei era credente, difficile per una ragazza di quei tempi.

Eppure, non mancava nessun appuntamento con la sua fede. Mi diceva che pregava per me, perché ero una persona buona che meritava tutto il bene del mondo. La sentivo mentre confessava a Dio la sua ammirazione per la mia forza, e per la capacità di superare le sfide anche da solo.

Mi spingeva a credere in me stesso, nelle potenzialità del mio essere e nelle persone che amavo. Non credevo di potermi meritare di condividere i miei giorni con una ragazza così straordinaria come lei, la presenza di Vittoria era diventata le fondamenta del mio mondo, una colonna di sostegno che nulla poteva sgretolare.

Non riuscivo a immaginare la mia esistenza senza il suo sorriso che colorava il grigiore dei miei giorni.

Dopo la messa, spesso passeggiavamo insieme. Le persone intorno a noi non potevano fare a meno di guardarci: due giovani, uno disabile, l'altra che sembrava una figura angelica comparsa da chissà quale luogo magico.

Potevo sentire i loro giudizi anche quando non aprivano bocca. Quegli sguardi erano come frecce avvelenate, che pungevano come api.

«Hai visto quel tizio?» mi chiese un giorno mentre sedevamo sulla solita panchina.

Era estate ed era andata a prendermi una tazza di caffè al bar poco distante da lì.

Di fronte a noi c'era un uomo sulla sessantina, con altri due amici. Se ne stava in piedi tra loro e noi. Era tarda mattinata, ma sembrava già ubriaco, con una bottiglia di birra in mano e sembrava non potesse fare a meno, ogni tanto, di voltarsi a controllare cosa stessimo facendo.

Annuii. Sì, avevo visto bene quel tizio.

«Mentre ero in coda al bar ho sentito che diceva al suo amico che sono una samaritana - disse dando poi un sorso al suo caffè fumante - Si stavano chiedendo come riuscissimo io e te...insomma, hai capito» concluse.

Sì, avevo capito bene. Svariate volte nella mia vita era capitato di ricevere domande irriverenti e spiacevoli sulla mia condizione.

Ora, però, la sorte non toccava solo a me. Avevo coinvolto in qualche modo anche Vittoria, e di questo mi dispiaceva molto.

Mi soffermai a guardarla mentre soffiava sulla superficie del caffè e tendeva timidamente le labbra, con la paura di scottarsi. Poi, a un tratto, rivolse lo sguardo sulla mia tazza.

Non avevo ancora bevuto, mi limitavo a guardarla e a soffiare di tanto in tanto. Si rese conto delle mie difficoltà.

Poggiò la sua tazzina sulla seduta della panca e prese la mia. Soffiò sulla superficie e poi mi aiutò a bere.

«Legandoti a uno come me rinuncerai alla tua felicità, lo sai?» le chiesi di getto, quando finii di sorseggiare il mio caffè, come se le parole fuoriuscissero da sole dalla mia bocca.

Non avevo mai ragionato su questo argomento, eppure non riuscii a trattenermi dall'esprimere le mie sensazioni, quel giorno.

«Ti hanno detto quegli uomini di pensare una cosa del genere?» mi chiese lei puntando gli occhi sui tre sessantenni davanti a noi.

Seguii i suoi occhi e, prima che potessi dire qualsiasi cosa, lei mi prese la mano e la strinse sulla sua coscia: «Gli sguardi indiscreti e le voci maliziose si alzano come bufere, ma noi sfidiamo il loro fragore, trovando rifugio nelle pieghe di un amore che non conosce limiti - poi volse i suoi occhi meravigliosi verso di me - Gli altri vedono solo ostacoli insormontabili, il nostro amore come un fardello. Per me invece è un dono, un tesoro da custodire gelosamente».

Le sue parole mi diedero molto conforto, ma la paura sembrava non volesse andarsene quella volta.

Avevo pensato molte volte che Vittoria potesse desiderare di condividere la sua vita con qualcun altro che non avesse limiti fisici o difficoltà insormontabili. Era ragionevole per una donna bella e così giovane.

«Sei davvero sicura di non desiderare un amore con meno sfide, una vita più agevole?» le chiesi temendo che la vera risposta fosse affermativa.

«Non ti fidi di me?» mi chiese dando un sorso al suo caffè e fissando gli occhi sulla mia tazzina, come se si aspettasse che facessi lo stesso.

«Hai presente quando arriviamo davanti alla chiesa e ci sono quei due gradini senza alcuna rampa? Da solo non riusciresti a superarli, ma per fortuna ci sono io e ci sarò sempre. Ecco, i giudizi degli altri e le difficoltà che incontriamo come coppia sono solo un'opportunità per dimostrare quanto vale il nostro amore, gradini da superare. Nessuno è mai morto per due gradini, no?» concluse.

Mi bastò il suo sguardo per comprendere quanto amore provasse per me. Spazzò via qualsiasi paura, come un uragano. *Solo dei gradini*, ripensai io nella mia mente.

«E poi un altro uomo con meno sfide e una vita più agevole non mi consentirebbe di entrare nei musei gratis e assistere agli spettacoli in prima fila» aggiunse poi ridendo a crepapelle.

La sua risata avvolse tutto il parco e i tre uomini si voltarono a guardarci. Per me, la risata di Vittoria era la dimostrazione al mondo che l'amore abbatte qualsiasi barriera.

Sì, questa era proprio la mia convinzione: insieme avremmo superato tutto. Ma poi, venne un altro gradino da attraversare. I miei sogni disegnavano spesso il giorno in cui le avrei chiesto di legarsi a me per sempre. Avevo fiducia, sapevo che avrebbe accettato.

Mi chiedevo spesso come fare, quali parole usare, quale momento scegliere. Volevo farle una di quelle dichiarazioni romantiche che si vedevano solo nei film. Visitavo spesso, di nascosto da lei, i centri commerciali nella mia zona o piccoli negozi, alla ricerca di un anello che le rapisse il cuore.

Fissando quelle pietre preziose, quei cerchi d'oro e d'argento, capivo però che il dubbio che attanagliava la mia mente non fosse quale anello acquistare, ma se fosse giusto farle affrontare alcune situazioni a causa mia, per tutta la sua vita. Era stato difficile anche dichiarare il mio amore anche dopo qualche mese di frequentazione.

Io e Vittoria eravamo diventati molto amici subito dopo il nostro primo incontro, facevamo molte cose insieme. Ci cercavamo e volevamo fare tante esperienze uno accanto all'altra. Non avevo dubbi che provasse qualcosa per me ma, sotto sotto, sentivo che poteva avere qualsiasi altro uomo. Temevo che mi rifiutasse, avevo paura che un giorno o l'altro si sarebbe allontanata.

Poi, un giorno, qualcosa dentro me mi portò a dichiararmi. Lei era molto timida e riservata e sapevo che probabilmente non avrebbe mai fatto il primo passo.

Sapevo che mi rispettava e non voleva fare qualcosa che io non volevo, ma non sapeva che quando la vedevo il mio cuore batteva così forte da uscirmi dal petto. La volevo tutta per me, ma felice. Aspettai il momento giusto.

La frequentai per un po', poi la invitai, come sempre, alla nostra romantica panchina. Quando eravamo usciti, il tempo non era dei migliori, ma ero sicuro che non avrebbe piovuto. Le nuvole erano troppo sottili, come nebbia incerta nel cielo.

Ci trovammo al parco, ci sedemmo e lei, come spesso faceva, mi portò delle merendine da dividere.

Cominciammo la lettura. Avevo portato con me un romanzo rosa, leggero e breve, con tante dichiarazioni d'amore e momenti passionali. Volevo creare l'atmosfera giusta che mi aiutasse a dichiarare i miei sentimenti più facilmente.

Leggemmo per ore, senza renderci conto del tempo che passava. Le narravo le vicende dei protagonisti tenendo il libro in mano e lei mi ascoltava, giocherellando di tanto in tanto con le foglie di un salice che pendevano su di noi.

Non ci accorgemmo del cielo che si annuvolava e diveniva più cupo.

Poi, una goccia toccò la pagina del mio libro e si allarmò.

Piove. Disse qualcuno non lontano da noi. Prima che potessi dire qualcosa, però, il cielo si oscurò improvvisamente. Un tuono squarciò l'aria e una pioggia battente iniziò a cadere. Vittoria guardò il cielo come se si fosse destata da un sogno, scattò in piedi e spinse la mia carrozzina verso il bar più vicino.

Le gocce si fecero fitte e caddero prepotenti a terra. Il piccolo sentiero asfaltato si riempì di puntini e presto divenne completamente fradicio.

Fortunatamente, non lontano da noi c'era un bar e ci riparammo proprio lì. Ormai eravamo già tutti bagnati, con i capelli appiccicati alla fronte e i pantaloni che aderivano alle gambe. Vittoria frugò nella sua piccola borsa ed estrasse dei fazzolettini, con cui cominciò ad asciugarmi il viso.

Non ebbi il tempo di dichiararmi, forse la pioggia era un segno del destino che non mi dovessi esprimere quel giorno, ma non mi arresi, dovevo trovare un modo, anche perché l'avevo preparata, avevo tutte le parole in testa e poi il romanzo, con frasi piene d'amore, aveva già disegnato la cornice.

«Sei tutta bagnata» le dissi osservando i suoi occhi premurosi che mi guardavano.

«Tu di più» rispose con un sorriso.

Il suo contatto fisico lo adoravo, quelle carezze sui miei capelli, sulle mie guance. Volevo tanto ricambiare.

La fissai a lungo. Era così vicino a me che potevo sentire il profumo dello zucchero delle merendine che aveva appena mangiato. Indossava anche una fragranza ai fiori che rispecchiava la sua delicatezza.

La mia timidezza perse contro il battito del mio cuore che accelerava, decisi di fare un gesto azzardato: «Mi dai un bacio?» le chiesi con tutto il rispetto che conoscevo. Non volevo che facesse qualcosa contro la sua volontà, né desideravo ottenere quel bacio e immaginare che fosse l'ultimo. Doveva suggellare il nostro amore, essere la prova che stavamo davvero bene insieme.

Lei si avvicinò sorridendo e mi diede un bacio sulla guancia. Immaginai questa sua mossa. Vittoria era molto riservata e intorno a noi c'erano molte persone: «Non sulla guancia» le dissi con delicatezza.

«E dove allora?» sorrise lei.

Non dissi nulla. Mi limitai a guardarla, forse con un po' di malizia, di aspettativa, di attesa. Lei ovviamente capì in un istante.

Mi aspettai una risposta più timida, un po' di esitazione. Invece, si avvicinò a me senza pensarci troppo, forse perché anche lei non vedeva l'ora di dimostrarmi i suoi sentimenti. Mi baciò con delicatezza sulle labbra, per non attirare l'attenzione delle persone attorno a noi. Eppure, fu un bacio a modo suo appassionato, gioioso.

Mentre pensavo a come dichiararmi a lei per farla diventare mia sposa, pensai a quel momento, a quanto fossi stato felice. Eppure, mi sembrava di essere una persona diversa, più attenta ai bisogni di lei.

Vittoria non si lamentava mai, cercava sempre di farmi sentire a mio agio. Era sempre pronta a dissipare le nubi, a costruire rampe per i marciapiedi che incontravamo. Con lei, ogni battaglia era vinta, ogni sfida era abbracciata con coraggio.

Non sapevo cosa il futuro avrebbe riservato per noi, se nell'amore c'è davvero il potere di abbattere le barriere più solide che la vita può presentare in una relazione di questo tipo. Vittoria aveva sempre parole dolci e ispiratrici per me, in cui trovavo la forza di credere nell'ineluttabilità dell'amore e nell'importanza di superare qualsiasi ostacolo che la vita potesse porre sul nostro cammino.

Ribadiva che solo coloro che possiedono il dono di oltrepassare le apparenze scoprono spesso un mondo di affinità con un disabile. Come le stelle in un cielo notturno, l'amore e l'attrazione si fondono in un duetto improvvisato, una sinfonia di cuori che sussurra segreti all'universo.

In questa danza, io e Vittoria ci ritrovammo, due anime dal passo diverso, ma con un sentimento comune, l'amore.

La sua lezione d'amore era un quadro che si dipingeva nei dettagli della nostra storia, una melodia eterna che suonava nelle pieghe del tempo.

Con ogni passo che compivamo insieme, costruivamo un'opera d'arte, una relazione che sfidava la convenzione e si elevava al di sopra delle sfide, come un faro che illumina il cammino delle anime coraggiose.

Era un'artista del cuore, un'anima empatica, e insieme creavamo una sinfonia di amore e comprensione.

Nonostante ci vedessimo poche volte a settimana, eravamo sempre in contatto. Ci sentivamo tutti i giorni per ore e ore attraverso la radio-ricetrasmittente che tenevamo sempre accesa sul comodino, era il nostro moderno anello d'ancoraggio. Il filo invisibile del nostro amore, tessuto attraverso le onde radio, si snodava come una melodia ininterrotta, attraversando spazi e distanze.

Attraverso essa, ci scambiavamo parole, confidenze e risate, creando una sinfonia di voci che danzava tra le onde dell'etere.

Era il suono del nostro affetto, l'eco delle nostre emozioni, un canto che ci univa malgrado la distanza. In ogni messaggio e risata condivisi, sentivamo la presenza e il calore l'uno dell'altro, dimostrando che il legame tra noi era più forte di qualsiasi separazione fisica.

Vittoria, musa ispiratrice, divenne la luce che illuminava i versi che fluivano dalla mia anima. A lei dedicai versi appassionati, ogni parola era un pizzico di polvere di stelle, un frammento del mio affetto riconoscibile nell'arte della poesia.

In più, diceva, con me avrebbe avuto una motivazione doppia per sostenere il suo compagno nelle sfide della vita.

Mi aveva dimostrato con i fatti che aveva la determinazione di un alpinista che scala vette impervie.

Eppure, mi sentivo in colpa, un peso, una minaccia alla sua felicità.

Me la immaginavo, un giorno, mentre guardava altre coppie e desiderava essere come loro. Mio zio diceva sempre che prima o poi tutti gli sposi desiderano andarsene, provare qualcosa di nuovo, che la vita di coppia non è fatta per durare per sempre.

Lo dicevano anche in TV, le soap opera, che si basavano su tradimenti continui. Temevo quelle situazioni, non potevo pensare a Vittoria infelice e desiderosa di andarsene.

A volte sognavo, la notte, di svegliarmi il mattino successivo e lei non c'era. Al posto suo, un bigliettino lasciato sul tavolo della cucina che spiegava le sue intenzioni, il suo desiderio di andarsene. Mi svegliavo tramortito e spaventato.

E ancora, nei giorni successivi, non riuscivo a chiederle di sposarmi, a comprare un anello o a scrivere una poesia per lei, per l'occasione.

Poi un giorno, sistemando la mia scrivania, trovai la prima poesia che le avevo dedicato. Si intitolava "Il pianto di una nuvola". L'avevo scritta quando la vidi piangere per la prima volta.

La ricordavo spesso con tenera nostalgia, sentendo il mio cuore riscaldarsi a ogni pensiero di quel momento.

Si era messa a piangere per una cattiva giornata che aveva avuto sul lavoro. Da poco, era stata assunta come barista pomeridiana nel piccolo locale in centro al paese.

Dava tutta se stessa al lavoro. Spesso passavo di lì, fermavo la carrozzina al centro della piazza e osservavo le vetrine.

Lei sbucava sorridendo a tutti i clienti e danzando dalla macchina del caffè al bancone. Quando mi vedeva, alzava una mano e poi andava avanti a lavorare. Era un piacere vederla per qualche minuto ogni giorno.

Piangeva perché un cliente si era lamentato del servizio lento. Aveva chiamato il capo dicendo che la barista non serviva i tavoli all'aperto, che i clienti avessero fretta.

L'uomo, piuttosto che difendere la sua dipendente, la sgridò a lungo, fino a farla piangere.

Mi raccontò la scena la sera, quando ci incontrammo a casa mia, e due gocce di rugiada solcarono le sue gote. Per distrarla da quella situazione, le proposi di fare una gita in montagna. A passeggiare nel bosco al canto degli uccelli.

Eravamo entrambi alla ricerca di una pausa, di un momento di respiro lontano dalla realtà che ci stringeva il cuore.

Accettò con un sorriso timido, e in breve tempo ci trovammo a percorrere sentieri in mezzo alla natura.

Il suono dei nostri passi si mescolava al canto degli uccelli, e l'aria fresca della montagna sembrava portare via un po' del peso che gravava sulle nostre spalle.

«È incredibile quanto la natura possa lenire l'anima - mi disse - È come se ci stesse abbracciando» il suo sguardo fissato su un panorama di alberi maestosi che si stagliavano contro il cielo azzurro.

La sua mano stringeva la mia, come se quel contatto potesse alleviare il peso delle sue preoccupazioni.

Avevamo scelto un sentiero semplice e asfaltato che portava a una radura soleggiata.

«Guarda questo posto, Vittoria. È come se il mondo qui si fermasse per lasciarci respirare» le dissi e lei mi sorrise teneramente.

Si sedette su un tronco tagliato accanto a me e mi poggiò la sua testa sulla mia spalla. Trascorremmo una mezz'ora a guardare il panorama, mentre io le accarezzavo il viso. Non dicemmo una parola, passammo il tempo così, ricchi di gioia e tranquilli. In quel momento, nel cuore del bosco, il peso delle preoccupazioni sembrava scomparire. La magia della natura aveva fatto il suo lavoro, offrendo un'ancora di pace in mezzo alle difficoltà della vita.

Ricordando quel momento, mi feci forza e mi dissi che avrei dovuto chiedere la sua mano, il prima possibile.

Cominciai a fidarmi delle sue parole, a pensare che l'amore alla fine non è vincolato dai limiti fisici, è un viaggio oltre il confine del corpo, è un'avventura che non rispecchia le aspettative della società.

Ho sempre pensato che l'amore sia come un fiume in piena che scorre libero e incontrollabile, un'energia inarrestabile che fluirà per sempre, scolpendo il suo percorso attraverso le rocce più ostili nutrendo ogni terra che bagna con la sua grazia eterna.

È il collante invisibile che unisce due cuori e anime, creando connessioni profonde. È un fluire eterno, un ciclo senza fine di dare e ricevere, che alimenta la nostra esistenza e ci riempie di calore. L'amore è un'arte, un'opera in continua evoluzione che, con il suo scorrere, scolpisce nuovi percorsi nei nostri cuori. Ci insegna la pazienza quando incontra ostacoli, ci ispira a superare le sfide e ci guida nella scoperta di terre inesplorate all'interno di noi stessi e degli altri.

Dopo quella avventura in mezzo alla natura, mi convinsi che il mio amore per Vittoria fosse più grande di qualsiasi altro ostacolo.

Rilessi la mia poesia un po' di volte e poi, con il foglio in tasca, mi recai alla gioielleria più vicina a casa e comprai un solitario, con un diamante al centro. Vittoria adorava i gioielli, si fermava sempre di fronte alle vetrine a fissarli e mi chiedeva quale trovassi più bello tra quelli esposti.

Si era fissata su quell'anello in particolare e decisi di renderlo l'anello del nostro fidanzamento.

Tornai a casa soddisfatto e pensai a come poterle dichiarare il mio amore.

Per vincere l'agitazione, le proposi di incontrarci alla stessa panchina, quella dove ci eravamo conosciuti e avevamo cominciato la nostra relazione. Quella scelta mi avrebbe dato la carica.

Portai con me un walkman e delle cuffie. Lei mi raggiunse dopo la sua sessione di studio in biblioteca.

Indossava una giacca lunga fino alle cosce, stivali alti, la camicetta abbottonata fino al collo. Il giorno prima era stata dal parrucchiere e i suoi capelli sembravano ancora freschi e ben sistemati. Era bellissima, indimenticabile.

Ci salutammo, ci sedemmo e parlammo un po' della nostra giornata. Le lasciai raccontare tutto quello che desiderava, senza interrompere. Quando concluse le sue avventure, mi chiese cosa ci facessimo lì. Le porsi il walkman, chiedendole di far partire la canzone.

Quando sentì l'introduzione di archi, la riconobbe subito e un sorriso le si disegnò sul viso: «*Ormai sei diventata un'abitudine per me. Negli occhi, nei capelli, nelle mani...*» cominciò a cantare guardandomi dritto negli occhi.

Cantò il resto della strofa, che io conoscevo molto bene.

Avevo riascoltato quella canzone tantissime volte. La trovavo estremamente romantica, di altri tempi, come non ne sono mai più state scritte.

Cantammo insieme il ritornello.

Ti dico grazie, amore, per le gioie che mi dai
E quanto sei diversa dalle altre tu non sai
Vorrei avere sempre l'abitudine di te
Nel canto di ogni giorno e nell'eco di ogni notte
Amore mio, sei come voglio io

Poi, all'ultima frase, Vittoria chiuse gli occhi facendosi trasportare dalle ultime note. Io estrassi l'anello e lo posi davanti a lei, in una scatolina di velluto.

Lei danzava senza pensare alle persone che avevamo intorno. Teneva le cuffie con le mani, canticchiava la melodia. Poi aprì gli occhi. Sobbalzò. Si lanciò con le sue braccia intorno al mio collo.

CAPITOLO 5°

Il giorno seguente, il telefono squillò di nuovo. I battiti del mio cuore si fecero rapidi. Pensai che fosse ancora quella donna. Prima che potessi dire una parola, con la cornetta in mano, la voce dall'altro capo del telefono iniziò a parlare:

«Ieri la nostra conversazione si è interrotta un po' bruscamente, non crede signor Jolly?» disse con calma.

Non sembrava essere cambiato nulla dal giorno prima.

Avevo un tremore incessante nel corpo, faceva freddo, anche se il camino rendeva tutto il mio soggiorno più accogliente. Quella donna aveva nominato Vittoria e altri messaggi criptici che, però, al momento, non avevano importanza per me.

Volevo solo sapere dove fosse finita la mia amata: «Sì, è vero, non avevo scelta. Mi ha spaventato parlando di Vittoria. Voglio solo sapere come sta»

La voce della donna si fece più autoritaria: «Vittoria? Non si è mai chiesto perché l'ha abbandonato?»

Sentii un nodo alla gola e ripensai agli ultimi giorni in cui l'avevo vista. Se ne stava sempre più in disparte, silenziosa, giocherellava con i suoi anelli e la sorprendevo spesso mentre guardava nel vuoto.

«Come conosce Vittoria?» le domandai con voce tremante.

«L'ho incontrata la prima volta tre mesi fa, ma non voglio parlare di questo ora» rispose con freddezza.

«Come sta? Cosa fa? Sta bene?» insistetti, il nodo alla gola rendeva difficile parlare, come un boccone d'emozioni ingoiato a stento.

«Non posso dirglielo ora, prima dobbiamo risolvere una questione io e lei, Jolly» rispose.

Erano passati ormai più di due anni da quando l'avevo vista per l'ultima volta, da quando mi aveva abbandonato in un abisso di interrogativi senza risposta. Avevo trascorso i mesi a cercarla, a telefonare alle nostre conoscenze in comune, a passare da casa sua, ma non c'era mai nessuno. Avevo parlato con il barista, ai clienti, ma nessuno sapeva nulla.

Avevo contattato gli ospedali, ma di Vittoria non c'era traccia. Ero disperato. Non sapevo neanche a chi rivolgermi.

Vittoria era sbucata dal nulla nella mia vita, non avevo mai conosciuto i suoi genitori o altri parenti. Conoscevo la mamma del bambino a cui faceva da babysitter, ma mi disse che Vittoria era dovuta partire per un'emergenza.

Non seppi dove volesse andare o cosa volesse fare.

Mi chiedevo in continuazione se avesse avuto bisogno di aiuto. Forse un'altra storia d'amore l'aveva ingannata, un altro uomo aveva conquistato il suo sorriso. Questa possibilità, plausibile quanto dolorosa, mi sfiorava l'anima.

Dopo tutto ciò che avevamo condiviso e vissuto insieme, dopo tutte le promesse che mi aveva fatto, non riuscivo a immaginare che potesse innamorarsi di un altro. Ma la realtà può essere sorprendente e spesso dolorosa.

Non sapevo se si trattasse solo di un attimo di debolezza, una fuga momentanea, o se aveva fatto una scelta consapevole, una svolta drastica nella sua vita.

Dopo mesi di ricerche, di Vittoria non c'era neanche l'ombra e mi rassegnai. I miei conoscenti mi dicevano di smettere di soffrire, che se n'era andata perché aveva capito quanto potesse essere difficile avere un compagno disabile.

Io non ci credevo. I suoi gesti mi avevano comunicato il contrario.

Vittoria era una persona vera, non un'attrice. Mi amava, me lo aveva ripetuto tante volte. Mi aveva supportato e promesso amore eterno.

Desideravo invano dimenticare il suo ricordo, ma non ci riuscivo. Vittoria era ancora impressa in me, come un tatuaggio indelebile.

Non riuscivo a trovare una risposta soddisfacente al suo abbandono, un perché che avrebbe potuto lenire la mia confusione e impotenza.

Ripresi con impeto interiore: «Mi dica almeno come sta».

Ripensai a lei, a quando in primavera ci incontravamo al parco. Ogni settimana leggevamo insieme un nuovo romanzo. Adorava i romanzi romantici, Emily Bronte, Jane Austen e simili. Quel ricordo risaliva in me come un canto antico. Sentivo ancora la carezza del sole sulla mia pelle e l'aroma dei fiori nell'aria. Parlavamo per ore, scoprendo affinità e interessi comuni, e quel dialogo aveva rivelato connessioni nascoste tra di noi.

Da quel primo incontro, non ci eravamo più separati.
Le avventure avevano abbracciato il nostro cammino.
Avevamo viaggiato insieme, come quella volta che andammo in pellegrinaggio con un gruppo di amici. Era un pomeriggio di cammino, di risate, e di condivisione di esperienze che avrebbero legato i nostri ricordi in un nodo indissolubile.
Attraversavamo sentieri polverosi e strade di montagne, con la fede come guida e l'amicizia come compagna di viaggio. Quel giorno, un'inaspettata pioggia ci sorprese lungo il nostro cammino. Le gocce danzavano nell'aria come messaggeri celesti, rinfrescando la nostra pelle calda dal sole.

Gli altri cercavano riparo con gesti affrettati, ma Vittoria si distinse per la sua naturale spensieratezza. Senza esitazione, si tolse la felpa e me la mise sulla testa per ripararmi. Ricordo ancora il suono della pioggia che batteva sulle foglie degli alberi, il profumo della terra bagnata, e la risata contagiosa di Vittoria. Spinse la mia sedia a rotelle sotto un porticato e rimanemmo lì ad attendere che l'acquazzone si placasse.

Avevamo imparato cose nuove, condiviso sogni, progetti e segreti. Avevamo affrontato le tempeste più cupe e le sfide lanciate dalla vita, alternando lacrime a risate in un abbraccio fitto di amore.

La donna rispose con aria di superiorità: «Lei non conta più nulla ormai, è solo un'illusione che si sta costruendo nella sua testa. Io sono la realtà che l'aspetta. Io le sarò fedele e devota. Sono tutto ciò di cui lei ha bisogno».

Mi dimenticai di quanto fosse strana quella conversazione, poiché il mio pensiero era ancorato a Vittoria, preoccupato di sapere come stava: «Ieri mi ha detto che se la seguo mi consentirà di incontrare Vittoria. Diceva sul serio o mi sta prendendo in giro? Cerchi di non farlo, sono una persona ancora innamorata, non potrei sopportare un'altra ferita al cuore».

Dopo un lungo silenzio e con esitazione, la donna riprese a parlare: «Vittoria stava passeggiando in un bosco. Si è accorta della presenza di un fiore sul ciglio di un dirupo e, mentre cercava di coglierlo, è scivolata ed è caduta di sotto».

Rimasi pietrificato, incapace di credere a ciò che avevo appena sentito. Il mio respiro si interruppe, il telefono cadde per terra in un rumore sordo.

CAPITOLO 6°

Vittoria se ne andò una settimana dopo avermi confidato il suo sogno più grande.

La sua ambizione aveva acceso una luce sul mio destino, chissà cosa mi avrebbe riservato. Ma nel calderone delle emozioni, si mescolavano dubbi.

Ancora non avevamo metabolizzato del tutto l'idea di sposarci e Vittoria già compiva passi avanti. Da qualche giorno la vedevo assente e pensierosa. La lasciai stare, non volevo invadere la sua intimità. Mi dicevo che poteva parlare con me quando voleva e aspettai quindi che fosse pronta.

Poi, un giorno, non riuscii più ad attendere. Stava cucinando, come capitava ogni tanto, a casa mia. Sapeva preparare dei brasati eccezionali che riscaldavano il cuore nelle giornate fredde. Spesso mi cucinava il mio piatto preferito, tortellini con spinaci e ricotta.

La guardai attentamente, lei percepì i miei occhi e arrossì: «Che succede?» mi chiese timidamente.

«Ti vedo un po' sulle tue da qualche giorno - le dissi - mi chiedevo se andasse tutto bene».

Il suo viso sereno si incupì all'improvviso. Capii che aveva qualcosa di grande nella sua mente, che stava crescendo e diventando pesante. Esitò per un po', poi si pronunciò: «Vorrei una famiglia, Jo - sorrise di nuovo, allietata dal pensiero - Non mi basta il nostro amore. Ne ho troppo, vorrei un bambino»

Rimasi sorpreso da quella sua richiesta così estemporanea, non sapevo cosa rispondere, rimasi in silenzio a pensare, avrei potuto anche parlare di un bambino, ma avevo paura. Temevo di non essere all'altezza, di non sapere come gestire la difficile situazione di dare vita a un'altra piccola creatura. Mi interrogavo se sarei stato capace di farcela, se avrei avuto la forza di affrontare tutte le difficoltà che un figlio avrebbe portato con sé.

Ma soprattutto, mi chiedevo come sarebbe nato: sano?

Ero spaventato, me lo si leggeva in faccia. Vittoria se ne accorse: «Forse non avrei dovuto dirtelo in questa circostanza. Avrei dovuto pensarci ancora un po' e parlartene con calma - mi disse facendo poi una pausa che lasciò senza parole anche me – È che non sento di avere ancora molto tempo per fare la mamma».

Non capii cosa intendesse. Eravamo giovani e freschi, avremmo potuto aspettare ancora molti anni. Non feci in tempo a chiederle cosa stesse dicendo che scoppiò in lacrime, lasciò le pentole sui fornelli e uscì dalla mia casa.

Andò a prendere una boccata d'aria. Dopo 15 minuti tornò dentro e sì tranquillizzò. Quella sera non parlammo più del bambino.

Guardammo un film alla televisione. Tornammo sul discorso solo il giorno successivo.

Parlammo con calma del suo desiderio, esprimendo anche le nostre paure. Mi comprese, come sempre. Il timore si insinuava dentro di me e avevo l'angoscia che potesse nascere una vita destinata a soffrire in un'infanzia difficile, come la mia o come quella di Vittoria.

Nonostante non fossimo come i suoi genitori, poco innamorati e volenterosi a separarsi, io e Vittoria dovevamo superare molte difficoltà e temevo che mio figlio potesse risentirne. C'era poi la mia paura di trasmettergli la mia malattia e fargli vivere un'infanzia come la mia.

Mi affiorarono nella mente dei ricordi d'infanzia. Vissi i primi anni in Svizzera, poi, come un giro di lancette, il mio destino mi riportò in Italia, a rinsaldare il legame con la mia terra natia, per sempre.

È stato il periodo in cui ho scoperto il vero significato della felicità. È stato il periodo che mi ha segnato per sempre, che ha lasciato un'impronta indelebile nella mia memoria e nel mio cuore.

Da bambino, mi piaceva andare a cacciare farfalle nei prati dipinti di ogni colore dai fiori. Armato di una rete e di un secchiello con il coperchio, mi divertivo a inseguire queste creature alate.

Un'immagine che è rimasta indelebile nella mia memoria è il volto di mia madre, uno sguardo carico d'amore, mentre rincorrevo le variopinte farfalle.

Mi osservava da lontano, dalla finestra, con un occhio attento, preoccupata che mi facessi male. Ogni tanto mi salutava con la mano, incoraggiandomi nella mia impresa.

La sua presenza era per me una fonte di sicurezza e mi faceva sentire protetto.

Chissà se "le mie" farfalle sono volate verso qualche altro bambino contento di rincorrerle, ma per me, rimangono un ricordo indimenticabile. È davvero sorprendente come la mente umana possa preservare con estrema nitidezza quei pochi istanti del proprio passato che hanno segnato la differenza. Il ricordo della mia tenera infanzia è un gioiello inestimabile, nascosto in uno scrigno profondo del mio cuore.

Nonostante la presenza della malattia, un avversario tenace e invisibile, ho vissuto giorni lieti, arricchiti da momenti di pura gioia e spensieratezza.

La mia malattia, la distrofia muscolare di Duchenne, è una patologia che indebolisce i muscoli progressivamente fino al punto in cui non sono in grado di fare le cose che gli altri bambini fanno.

Non potevo correre, saltare, giocare a calcio o andare in bicicletta. All'improvviso, sono stato rifiutato dalla scuola e relegato nelle classi differenziali, allontanato dai compagni di giochi. Ho sofferto molto per questo.

Da adolescente, avrei avuto bisogno di una sedia a rotelle per muovermi e di un respiratore per aiutarmi a respirare e dormire. A volte provo tristezza e rabbia per la mia condizione, ma non mi arrendo mai.

La mia è una delle tante forme di distrofia muscolare, che colpisce i muscoli scheletrici.

La distrofia iniziò a manifestarsi quando avevo circa 4 anni. Avevo iniziato a camminare presto, a soli nove mesi, ma poi ho iniziato a mostrare dei ritardi rispetto agli altri bambini. Cadere era diventato un problema frequente, e le cadute spesso comportavano abrasioni alle mani e alle ginocchia. Avevo inoltre difficoltà nel salire le scale, nel correre e nel saltare. Questi segni di difficoltà hanno preoccupato i miei genitori, che mi hanno portato da un medico.

In seguito a esami del sangue e una biopsia muscolare, è stato confermato che ero affetto dalla distrofia di Duchenne. Da quel momento, la mia vita ha subito molte trasformazioni. Ho dovuto affrontare numerose visite mediche, sottopormi a esami, terapie e controlli. Ho dovuto utilizzare apparecchiature speciali per aiutarmi a camminare, respirare e svolgere le attività quotidiane.

In ambito scolastico, ho dovuto cambiare istituto diverse volte, poiché in Svizzera non tutti i miei compagni mi capivano o mi accettavano.

Ho dovuto rinunciare a molte attività e giochi di cui godevano gli altri bambini. Tuttavia, nonostante tutte queste sfide, non ho mai perso il mio sorriso e la voglia di vivere.

La mia vita non è stata facile, ma è stata vissuta piena d'amore e gioia. Avevo dei sogni nel cassetto, e grazie alla mia determinazione, sono riuscito a realizzarli tutti.

Sono cresciuto come un bambino felice, nonostante le difficoltà che ho dovuto affrontare. La mia felicità dipendeva in gran parte dalle persone che erano vicine a me e che mi facevano sentire amato e importante.

La mia famiglia era il fulcro del mio mondo, il mio punto di riferimento più forte e sicuro nella mia realtà. L'amore e il sostegno che ho ricevuto da loro mi avvolgevano come un abbraccio caloroso. I miei amici erano il mio sostegno e la mia fonte di gioia.

Camminare lentamente e giocare con gli amici erano le attività che riempivano le mie giornate, senza preoccuparmi troppo delle sfide che il futuro avrebbe potuto riservarmi.

In quel mondo, ero innocente e spensierato, e questa inconsapevolezza mi faceva sentire sereno.

Non sapevo quale corso avrebbe preso la mia vita, ma affrontavo ogni giorno con un sorriso, e le mie giornate erano un arcobaleno di emozioni.

Ogni piccolo traguardo, ogni passo avanti, faceva crescere le ali della vittoria interiore, un trionfo che riempiva il mio petto di orgoglio. Ogni barriera eretta dalla malattia veniva abbattuta dalla forza e dalla resilienza innate che solo un bambino può possedere. Anche dopo aver preso consapevolezza della mia malattia, ho continuato a trovare bellezza nelle piccole cose della vita.

La malattia era il mio nemico invisibile, un avversario che prendevo a pugni a vuoto come un pugile cieco, una sfida da affrontare, e ogni battaglia che ho combattuto è stata un'opportunità per crescere.

Ora, guardando indietro, riconosco il privilegio di un'infanzia felice, nonostante le avversità. Ho dovuto affrontare sguardi curiosi e pregiudizi, ma nel cammino della mia vita ho imparato a portare con me quella serenità che mi proteggeva come uno scudo, una serenità che era un'isola felice nel mare della vita.

Una fiamma ardeva sempre dentro di me, spingendomi a vivere ogni giorno con speranza nel cuore.

La mia adolescenza ha lasciato un segno profondo nella mia anima, insegnandomi una preziosa lezione di vita: la felicità può essere trovata anche nelle circostanze più complesse, forse ancora di più di quanto avessi immaginato.

Mentre il tempo passava e la mia vita subiva trasformazioni, ho cercato costantemente di mantenere viva la semplice e pura serenità che mi aveva accompagnato fin da piccolo. Questo sorriso sincero mi ha reso un combattente della vita. Da adolescente, ho iniziato a notare di più i pregiudizi delle persone, ma li ho superati con indifferenza, perché sapevo che qualsiasi cosa pensassero di me era sbagliata.

Durante quel periodo, la mia malattia ha iniziato a mostrare i suoi primi sintomi, e ho quasi perso la capacità di camminare a undici anni. Questo segnò l'inizio della mia paralisi, e non avevo idea di cosa il futuro avrebbe riservato per me. Il mondo intorno a me sembrava un caos di incertezza.

Il vero problema è che, mentre viviamo, spesso siamo ignari delle conseguenze che la nostra condizione comporta. Ogni decisione che prendiamo, ogni comportamento che adottiamo, ha un impatto sul mondo che ci circonda, simile a una pioggia di gocce che si diffonde in un lago e genera cerchi concentrici che si espandono, interagendo con le sponde del destino.

Spesso non siamo consapevoli delle ripercussioni delle nostre azioni, e può essere difficile prevedere le conseguenze a lungo termine delle nostre scelte. Questo può portare a situazioni complesse e difficili da gestire.

Per questo, davanti alla richiesta di Vittoria, ho dovuto controllare il mio impulso di dirle sì. Io volevo stare con lei tutta la vita e renderla felice, ma la realtà non era stata così benevola con me. Nei miei sogni, io e lei eravamo perfetti, con la nostra famiglia felice e serena. Nel concreto, però, c'erano mille difficoltà da superare.

Eravamo innamorati e in nome dell'amore sembrava che si potesse giustificare quasi tutto. Tuttavia, il solo pensiero di portare al mondo un bambino mi faceva tremare. Non mi sentivo pronto.

Inoltre, sapevo che Vittoria avrebbe dovuto fare il doppio della fatica, prendendosi cura di me e del bambino. Prima o poi, ne ero sicuro, si sarebbe stancata. Forse se non le avessi permesso di ottenere la famiglia che tanto desiderava se ne sarebbe andata e io sarei rimasto con un vuoto incolmabile dentro me.

Aveva sempre desiderato essere madre e sentiva il bisogno di dare vita a una creatura frutto del nostro amore, che fosse il simbolo della nostra unione. Ma io sarei stato in grado di darle tutto questo?

Erano le domande che si aggrovigliavano nella mia mente, alla ricerca di una via d'uscita, girovagavano come foglie nel vento, senza mai posarsi. Un vento di incertezza gonfiava le vele delle mie emozioni, portandomi in acque mai navigate.

Lei sembrava molto più sicura rispetto a me. Il suo sogno era di costruire una famiglia insieme e trasformare il nostro amore in una forma concreta, un progetto che ci desse un obiettivo comune.

Voleva qualcosa su cui lavorare insieme, si sentiva sicura dei miei sentimenti e della solidità della nostra relazione.

Mi vedeva come il padre perfetto per il nostro bambino e sapeva che insieme avremmo potuto compiere grandi cose.

Vedevo nei suoi occhi la strada che voleva percorrere, un cammino che avrebbe unito le nostre anime in una famiglia, dove il nostro affetto si sarebbe fuso come due fiumi che si incontrano. Era una donna forte e determinata, capace di affrontare le sfide di essere madre e compagna allo stesso tempo. Tuttavia, le mie insicurezze risuonavano come note dissonanti.

Era una ragazza piena di sogni ed energia, e meritava di vivere la sua giovinezza senza troppi pesi sulle spalle.

Sapeva però che avere un figlio era una decisione impegnativa che comportava responsabilità e sacrifici.

Tuttavia, continuava a ripetermi che non aveva più tempo, che doveva avere un figlio il prima possibile, perché era da troppo tempo che lo desiderava.

C'era qualcosa nel suo viso che non mi tornava. Aveva un velo di tristezza nel parlare di un evento così lieto. Era anche scoppiata in lacrime. Pensai che fosse commozione, ma no, c'era sicuramente dell'altro.

La lasciai parlare e sfogare, non le chiesi nulla. E oggi mi pento di non averlo fatto. Forse, se le avessi chiesto di parlare apertamente di ciò che aveva dentro, Vittoria sarebbe ancora qui con me.

Concluse dicendomi che non voleva forzarmi o costringermi a fare qualcosa di cui ancora non mi sentivo pronto, che rispettava la mia volontà. Fece un sospiro profondo e disse che era pronta a darmi tutto il tempo necessario per riflettere e decidere.

Mi strinse tra le sue braccia, due corpi che si fondevano, come due fiamme che si avvicinano fino a creare un unico fuoco ardente. Accarezzò i miei capelli, i suoi baci erano petali che cadevano, lenti e dolci sulle mie labbra. Lo sguardo dei suoi occhi era dolce. Mi sussurrò all'orecchio che aveva fiducia in me e nel nostro amore, che ero l'uomo della sua vita e che voleva stare con me per sempre, un giuramento pronunciato con il linguaggio del cuore.

E così, tra le braccia dell'amore, i dubbi si sciolsero come neve al sole. Ero avvolto dal suo sorriso, come da un abbraccio invisibile. Fu l'ultima volta che la vidi.

Il giorno dopo era una giornata d'autunno, il cielo era grigio e il vento soffiava. Ero andato a salutarla, sapendo che sarebbe partita per andare a sostenere un esame a Cosenza. Sarebbe stata via due giorni, ma per me sembrava già un'eternità.

Vittoria mi aveva detto che mi amava e che mi avrebbe pensato tutti i giorni. Io le avevo detto lo stesso e le avevo dato un bacio sulla bocca. Poi ci siamo abbracciati forte.

Quel giorno le avevo fatto un regalo, un braccialetto d'oro con inciso il nostro nome. Avevo risparmiato mesi per comprarglielo, volevo farle una sorpresa e dimostrarle il mio affetto.

Vittoria aveva aperto il pacchetto e scoperto il braccialetto, si era emozionata e mi aveva abbracciato, ringraziandomi con tutto il cuore. Avevo visto la felicità nei suoi occhi, mi ero sentito il ragazzo più fortunato del mondo. Vittoria aveva indossato il braccialetto e mi aveva mostrato il suo polso, dicendomi che non se lo sarebbe mai tolto. Avevo sorriso e le avevo baciato la mano, dicendole che lei era il mio regalo più prezioso.

Sentivo una sensazione strana addosso che non avevo mai provato, ma il mio unico desiderio era vederla felice.

Ci saremmo separati solo per due giorni, ma era come se fosse l'ultima volta insieme.

La sera precedente, ci eravamo donati con tenerezza e passione, come se ogni gesto fosse l'ultimo. Forse lo era realmente, lei ne era consapevole, mentre in me si radicava l'ansia che un domani potesse lasciarmi. Tuttavia, in quell'istante tra le sue braccia, tutto il resto era scomparso, lasciando intatto solo il legame amoroso tra noi.

CAPITOLO 7°

Vittoria era come un sole riflesso nelle acque del mio essere, un calore di scoperte e sogni, la donna che mi aveva fatto scoprire la poesia. Il suo nome era un'eco dolce e il suo sorriso un canto sereno. Mi perdevo nel cielo azzurro dei suoi occhi, nel suo sguardo che allargava l'orizzonte, e nei suoi movimenti, vedevo danzare le stelle.

Ogni pensiero su di lei era come un abbraccio, una carezza e allo stesso tempo un pungente coltello che mi trafiggeva.

Vittoria era una dichiarazione d'amore non detta, una ferita che non riuscivo a far guarire. Il suo ricordo era una melodia persistente, suonata dalle dita invisibili della memoria. Era la donna che si era allontanata nel silenzio, una storia senza fine, una strada interrotta dal destino.

Eppure, l'amore dentro di me era un riverbero ininterrotto, sempre vivo come un cuore pulsante, incandescente come una stella al crepuscolo. La trama del destino era un intricato intreccio di sentimenti, e io, in un gioco di memorie e rimpianti, continuavo a navigare nel mare profondo del nostro passato.

Nel frattempo, il focolare si stava spegnendo lentamente, come la nostra storia, lasciando la stanza buia come il mio animo in quel momento.

Il telefono agonizzava a terra.

Vittoria era una ragazza che amava i fiori in tutte le loro forme e colori. Li raccoglieva con le sue mani premurose durante le nostre passeggiate e le stanze si animavano con le sue composizioni. I fiori sistemati in vasi e ciotole creavano ambienti allegri e vivaci, proprio come lo era lei.

Era una persona solare, piena di energia e uno dei suoi motti preferiti era: "Cogli un fiore e coglierai l'anima di una giornata splendente, piena di vivacità".

La sua assenza era un canto muto. Sentivo che avevo perso una parte di me. La sua mancanza aveva creato un vuoto profondo, come un abisso che inghiottiva tutto.

Mi voltai a guardare il centrotavola della sala da pranzo dove mi trovavo. Proprio lì sul tavolo c'erano dei fiori variopinti portati da mia madre quel giorno dalla campagna. Mi ricordarono Vittoria, i suoi regali, il suo profumo fresco e giovane.

La malinconia prese possesso di me. Sembrava che in quel momento esatto quei fiori iniziassero ad appassire, stanchi di splendere e mostrare tutta la loro bellezza. Ero perso, con un nodo alla gola che non mi consentiva di pensare o respirare. Ebbi solo la forza di raccogliere il telefono e riportarlo vicino al mio viso.

«Mi dispiace molto - disse la donna con voce più comprensiva - So che lei e Vittoria eravate molto innamorati, ma ormai non c'è più niente da fare. Deve rassegnarsi».

Ma io non volevo rassegnarmi. Volevo solo riavere Vittoria con me, vederla sorridere, abbracciarla, baciarla.

Desideravo solo dimenticare quella storia del fiore, cancellarla dalla mia mente, negarla con tutte le mie forze.

Rimasi con il telefono in mano, pervaso da una strana sensazione. Un misto di dolore e di speranza. Forse quella donna non diceva sul serio. Vittoria stava bene, era da qualche parte là fuori a pensarmi ancora. Forse era tutto uno scherzo architettato da una sconosciuta, una donna invidiosa e crudele.

«Come fa a sapere che è stato un fiore? Era lì con lei?» le chiesi, dipingendo nella mente il volto di Vittoria, la sua grazia mentre cercava di cogliere quel fiore sul ciglio di un dirupo.

«Sì, ero lì con lei. Era una giornata bellissima. La seguivo da giorni. Avevo voglia di stare con quella candida ragazza e poi le ho fatto la stessa proposta che sto facendo a lei, signor Jolly».

Mi si stringeva il cuore come una morsa, il pensiero di Vittoria che raccoglieva quel fiore nel bosco, ignara delle conseguenze: «Quindi, lei è un'amica di Vittoria? Non mi ha mai parlato di nessun amico o conoscente, non era molto espansiva quando si parlava di relazioni personali.

Chi è lei? Perché non me lo vuole dire e continua a essere così misteriosa? Non ci si comporta così con gli sconosciuti» conclusi con un velo di frustrazione.

«Sì signor Jolly. Io sono amica di molte persone, anche se apparentemente sembro sola e non molto apprezzata. Io sono anche sua amica, che lei ci creda o no» mi rispose lei, quasi come se non le interessasse la mia voce tremante.

«Che proposta ha fatto a Vittoria?» le chiesi tornando sulle informazioni che mi aveva fornito fino ad allora.

«La stessa che ho fatto a lei, ovvero abbandonare quell'odiosa e difficoltosa compagna, per seguire me. Vittoria ha accettato e ora è felice».

Sentire quest'ultima frase mi riempì di gioia. Vittoria era felice? A me bastava questo. Ma che dire della sua caduta nel dirupo?

Qualcosa non mi tornava: «Chi è questa "compagna" che continua a nominare? Ho bisogno di avere informazioni da lei, dopotutto, ha cominciato questa strana conversazione, quindi è lei ad avere interesse nei miei confronti».

La sua voce si arrestò per qualche secondo, come se le mie parole l'avessero colpita nel profondo. Sospirò: «Vittoria ha scelto fino all'ultimo la sua compagna, ma poi non aveva più tempo. Era malata, aveva una rara forma di cancro che le ha consumato il corpo e l'anima».

Rimasi senza fiato, sconvolto da quelle parole che mi colpirono.

Sentii il sangue gelare nelle vene, come un fiume che si trasforma in ghiaccio: «Cosa sta dicendo? Prima la storia del fiore, adesso questa della malattia. Mi sta prendendo in giro? Mi vuole dire perché mi sta chiamando per dirmi tutte queste terribili notizie sulla mia Vittoria?»

«È lei, signor Jolly, che vuole conoscere la verità e io gliela sto offrendo. La mia intenzione non era quella di parlare di Vittoria, ma di lei, della sua possibilità di vivere una vita senza più sofferenze».

Vittoria non mi aveva mai detto nulla. Avevamo vissuto sempre con sincerità e stentavo a credere che le parole di quella donna fossero vere: «Non ci credo, Vittoria stava bene, era felice».

«E perché se ne sarebbe andata, allora?» mi chiese la donna con aria di sfida. La mia bocca si serrò. Non avevo una risposta per quella domanda crudele.

Ripensai all'ultima volta che l'avevo vista, al suo desiderio di avere un bambino, alle lacrime che aveva versato fuggendo da me.

Dopo un'interminabile pausa, la donna mi disse che se non credevo alle sue parole, almeno avrei dovuto credere a quelle di Vittoria. Mi invitò ad aprire un cassetto dell'antico scrittoio che c'era nel salotto di casa.

Nessuno lo usava, era lì per bellezza. I suoi cassetti erano vuoti, mia mamma a volte li estraeva per spolverarli.

Io mi avvicinai allo scrittoio facendo scorrere le ruote della mia sedia tra le mani. Ne aprii uno e mi sorpresi, vedendo al suo interno una busta bianca. C'era scritto il mio nome. Non parlai, ero sconvolto. Non sapevo come fosse arrivata lì. Qualcuno l'aveva lasciata e mamma l'aveva ritirata senza dirmi nulla. Forse. Oppure stavo vivendo un'illusione.

Restai in silenzio, le parole che avrei voluto dire erano affogate nella profondità della mia gola. Non sapevo cosa dire o cosa fare. Le mie mani tremavano mentre sfilavo la busta bianca senza conoscere il mittente. All'interno c'era un foglio piegato in quattro, con una calligrafia elegante e ordinata. Riconobbi immediatamente quella calligrafia, era quella di Vittoria. Con il cuore che batteva forte, iniziai a leggere.

Caro Jo,

Mentre scrivo queste parole sento il mio cuore spezzarsi. Le lacrime mi offuscano la vista e non riesco a smettere di tremare. So che forse non le leggerai mai, ma ho bisogno di dirti quello che provo per te. Ti amo, Jolly. Ti amo da sempre e ti amerò per sempre, anche se non sarò più qui.

Non ho mai smesso di pensare a te, nemmeno quando ti ho lasciato. La storia del bambino era solo una scusa per nascondere la verità: avevo scoperto di avere una malattia incurabile. Per questo ho deciso di andarmene e lasciarti, per il tuo bene, perché non volevo che tu soffrissi al mio fianco. Avresti sofferto di più restando con me, e io non potevo permetterlo. Per questo ti chiedo di perdonarmi.

So che è molto chiedere e che forse non lo farai mai. Ma spero che un giorno capirai. Capirai che ti ho amato più di me stessa e che ti ho lasciato per proteggerti dalla mia sofferenza.

Ma ora, mentre mi preparo a lasciare questo mondo, non posso più tacere. Ho bisogno che tu sappia che sei stato l'unico amore della mia vita. Non c'è stata nessun'altra persona al mondo che abbia mai toccato il mio cuore come hai fatto tu con le poesie e con l'affetto. Mi dispiace profondamente per averti ferito, per aver spezzato il tuo cuore.

Ti prego ancora, perdonami. Perdonami per tutto quello che ho fatto. Perdona, perdona sempre tutti. Ti prego, non odiarmi.

Ricordami con affetto nelle tue poesie, nelle tue parole, nei tuoi pensieri.

E non dimenticare mai quanto ti ho amato, quanto ti amo ancora adesso. Fa' in modo che il mio amore per te sopravviva anche al tempo, anche alla mia assenza.

Ti voglio bene con tutta l'anima, Jolly. E anche se non sarò più qui, sarò sempre con te, nel tuo cuore. Sarò lì ad ascoltare le tue parole, a recitare con te le tue poesie, a sussurrarti le mie parole d'amore. Ti prometto che non ti lascerò mai, neanche quando sarò lontana.

Spero che tu possa trovare una donna che ti ami come meriti e come desideri. Ti auguro di essere felice.

Con tutto il mio amore, la tua Vittoria.

Le lacrime scorrevano sul mio viso come fiumi in piena, mentre cercavo di elaborare le parole della lettera. Il mio cuore fu travolto da un violento turbinio di emozioni contrastanti. Un nodo alla gola rendeva difficile persino respirare. Mi emozionò profondamente vedere come Vittoria avesse scelto la separazione per proteggermi, evitando che io soffrissi a causa della sua condizione.

Mi diede sollievo, rabbia, tenerezza. Perché non me ne aveva parlato? L'avrei tenuta vicina a me, l'avrei curata, non le avrei fatto mancare il mio supporto. D'altra parte, io ero fuggito dal suo sogno di avere bambini in un gesto altruista, con la paura di trascinarla in una vita difficile che non voleva.

Ognuno, nella nostra coppia, aveva fatto la sua parte per non fare del male all'altro. Non la giudicai. Mi dissi che il suo amore era così grande da non volermi far soffrire per la sua condizione. Come io non volevo che lei soffrisse al mio fianco per la mia condizione.

La lettera di Vittoria mi colpì profondamente, le sue parole penetrarono nell'anima come coltelli affilati. Fu una testimonianza commovente dell'amore incondizionato e del coraggio di affrontare la malattia e la separazione.

Mi fece riflettere sulla straordinaria forza dell'amore e sulla sua capacità di sopportare qualsiasi difficoltà. Anche se sapeva di dover affrontare una malattia incurabile da sola. Non avrei mai potuto immaginare una cosa del genere.

«Quindi - mi rivolsi alla donna al telefono che aveva atteso pazientemente che finissi la lettura dello scritto di Vittoria - non se n'è andata per la questione del bambino. Cos'è successo dopo la sua sparizione?» chiesi sperando che la donna non giocasse ancora con i miei sentimenti e che mi desse invece risposte chiare.

«Ha concluso i suoi studi con molti sacrifici e sofferenza, tornando a casa della madre. Poi ha subito un lungo ricovero. All'ospedale, tutte le infermiere l'adoravano, le stavano vicine, la consolavano. Era una ragazza davvero gentile. Ma le cure non funzionavano.

Quindi uscì dalla clinica, tornò a casa della madre e visse i suoi ultimi giorni in tranquillità, lontana dagli ambienti asettici dell'ospedale. Passeggiava ogni giorno nel bosco dietro casa. Non stava bene, soffriva, ma cercava sollievo nella natura. La sera prima di morire, ha pregato che Dio la portasse via senza soffrire. Ho deciso, così, di mettere io quel bel fiore sul dirupo. E cogliendolo, ha accettato la mia proposta, di abbandonare la sua dolorosa compagna.

Prima di cadere, ha sorriso. Era serena. È caduta su un cespuglio ricco di foglie, senza dolore o sofferenza. Si è addormentata lì e i soccorritori l'hanno trovata circondata dalla natura, qualche ora dopo».

Provai un dolore lancinante allo stomaco, come se un pugnale mi avesse trafitto. Avevo perso Vittoria. Qualcosa nella voce di quella donna mi spingeva a crederle. Mi raccolsi nella mia sofferenza. Mi persi nella calligrafia di Vittoria, l'ultima cosa che mi era rimasta di lei. Se n'era andata così silenziosamente che non aveva fatto rumore. E ora, non c'era più.

«Non ne ha abbastanza di questa situazione? - mi chiese la donna dopo una lunga pausa - La sua compagna è una tiranna, una regina dei cuori che impera con ingiustizia, e lei, invece, è il suo vassallo, prigioniero dei suoi capricci e delle sue angherie».

Strinsi forte la cornetta, in balia del dolore e delle lacrime: «Lei la deve smettere di parlare in modo così criptico. Sono addolorato, voglio solo sapere chi è lei e cosa vuole da me. Sto soffrendo e sembra che lei si diverta».

La donna, come una voce registrata, non diede ascolto alle mie suppliche: «Se lei soffre, è colpa della sua compagna che la sta trattando come uno schiavo. Le ha dato e portato via Vittoria. Le ha dato questa terribile malattia che la accompagna da quando era bambino, signor Jolly. La tiene chiuso in casa tutto il giorno immerso nel suo dolore.

Se decidesse di venire con me nel mio mondo potremmo condividere avventure indimenticabili e, chissà, persino innamorarci, come i protagonisti di una storia senza fine. È forse giunto il momento di lasciare la sua attuale compagna, di togliersi questo fardello dal collo. Io non la faccio soffrire, davvero».

Non le risposi. Mi concentrai su ciò che mi stava dicendo, cercando al contempo di mettere da parte il dolore per Vittoria. A questo dovevo dedicare del tempo tranquillamente, senza che una donna si intromettesse.

La voce si fece più intensa: «Si volti un attimo indietro e ripercorra tutte le tappe che l'hanno portata fino a questo punto, a tutto ciò che ha sacrificato per lei. Come fa a essere ancora così innamorato?»

«Io amo la vita» risposi, stringendo le mani sulle ruote della sedia a rotelle.

Dissi questa frase irrazionalmente, con la mente offuscata dai ricordi e dal dolore, ma alla donna al telefono non sembrava interessare e continuava imperterrita con le domande e la manipolazione:
«La costringe a soffocare i suoi sentimenti più autentici, non se ne rende conto? Se analizzasse attentamente la situazione in cui si trova o semplicemente ascoltasse la voce del suo cuore, i suoi palpiti più intimi, percepirebbe una contraddizione totale tra la sua attuale vita e come desidererebbe viverla. Grazie a me, non percepirebbe più questo stato crudele di cose».

Tutto sembrava così assurdo nella situazione in cui mi ero ritrovato. Un bizzarro incubo dal quale desideravo svegliarmi, lasciandolo alle spalle, per ritrovare la mia tranquillità.

«Vuole che venga a casa sua? - disse la voce dall'altra parte del telefono, che mi sembrava sempre più distante e spaventosa - Non la farò scomodare. Posso venire a trovarla e poi partire con lei per il nostro viaggio».

Tremavo, avevo paura, quello che mi stava dicendo non aveva senso. Era una persona che mi conosceva, che sapeva dove abitavo e questo mi mise a disagio: «Mi dispiace, ma al momento non posso» risposi con determinazione, nascondendo i miei timori.

La donna esitò un attimo, come vinta dalle mie parole.

Ma poi, riprese: «Con quale donna è più piacevole la conversazione? Se l'è mai chiesto?» mi domandò. Assalito dall'ansia che mi stringeva come una morsa, pensai a mio zio e al fatto che quella donna potesse conoscere anche lui.

Non avevo mai parlato a nessuno di questo mio caro parente, delle sue massime e battute. Quindi, chi c'era dall'altro capo del telefono?

CAPITOLO 8°

Quella sera, la cena fu apparecchiata rapidamente, la tovaglia stesa, le stoviglie e le posate luccicavano, riflettendo la luce con piccoli bagliori.

I miei genitori fecero ritorno dalla campagna prima del previsto e si preoccuparono immediatamente della cena.

Mi raccontarono la loro giornata e, fortunatamente, non chiesero nulla della mia. Non avrei raccontato di quella strana conversazione.

Te ne stai sempre qui chiuso in casa, Jo, mi disse a un certo punto mia madre. Mi propose di uscire con lei nei giorni successivi, per vedere andare in fiera o acquistare qualche leccornia per la cena. Alzai le spalle, cercando di mostrare coinvolgimento. Ma nella mia mente balenava la voce della donna. Provavo un certo tremore.

Impiegai quasi un'ora tra un boccone e l'altro. La giornata volgeva al termine, come un sipario che si chiudeva, ma per me, la scena rimaneva aperta. Sapevo che la notte sarebbe stata lunga e pervasa dai pensieri.

Osservavo i miei genitori e pensavo se fosse il caso di chiedere loro se conoscessero una misteriosa donna. Se avessero anche loro ricevuto telefonate dubbie. Non dissi nulla. Stetti in silenzio ascoltando mamma che illustrava la sua giornata e papà che partecipava attivamente alla conversazione.

Avrei voluto chiederle se fosse stata lei a inserire la lettera di Vittoria nel cassetto. E se lo avesse fatto, perché non avvisarmi?

Dopo cena, la mia famiglia si era radunata attorno al caminetto, scherzando e scaldandosi, mentre mio padre ravvivava la brace per cucinare le caldarroste. Poco dopo, il fuoco si era ridotto a una fiamma morente e sapevo che era giunto il momento di andare a dormire. Non partecipai a quella serata di chiacchiericcio e castagne, ma tornai alla finestra e rimasi a contemplare l'esterno, immerso nei miei pensieri. In sottofondo, la mia famiglia rideva e si scambiava storie del giorno, divertendosi, mentre l'oscurità calava.

Ammetto che mi aveva spaventato, e non poco, ma allo stesso tempo bruciavo dal desiderio di conoscerla, di scoprire chi fosse. La mia mente era ancora immersa nella conversazione.

Trascorsi la serata angosciato dai dubbi e dal desiderio di sapere chi fosse questa donna. Quella voce che mi perseguitava continuamente. Le mani mi tremavano e mi sentivo come un topo in gabbia che non riusciva a trovare la via d'uscita.

I miei occhi furono catturati da una scena fuori dalla finestra, dove un corvo aveva fatto improvvisamente la sua comparsa, posandosi proprio di fronte a me, sulla staccionata intorno al mio giardino.

L'animale era nitidamente visibile, tanto che potevo addirittura discernere i dettagli delle sue piume nere e lucenti.

Riflessi metallici di un rossastro misto a un lieve tocco di violetto abbellivano il collo e la testa del corvo, conferendogli un'aura quasi magica. La vista delle sue piume con quelle sfumature insolite era affascinante, quasi ipnotica. Il suo becco, robusto e imponente, presentava segni distintivi, come dei tagli che sembravano essere le cicatrici di un passato di battaglie e lotte prolungate.

I piccoli occhi scuri del volatile erano fissi su di me, scrutandomi con un'intensità che pareva raggiungere l'anima.

«Sono giorni che quel corvo gira attorno alla nostra casa» disse mamma rivolgendosi verso di me.

Non tolsi gli occhi di dosso dall'animale. Aveva qualcosa di sinistro e al contempo di affascinante, come la voce di quella misteriosa donna.

«Non è un bel segnale - disse mio padre - il corvo nella letteratura è presagio di morte. Via, via! Mandalo via Jo!» mi invitò, ma io ero immobile.

Quell'uccello stava cercando di dirmi qualcosa.

CAPITOLO 9°

L a mattina seguente mi svegliai con una serenità inaspettata, come se tutto fosse al suo posto. La luce
penetrava dalle tapparelle, la stanza era luminosa e calda.

Arrivai quasi a pensare che avessi sognato tutto.
L'ansia sembrava essere sparita.

Avevo da poco ripreso a studiare, e nei giorni successivi avrei dovuto affrontare un esame di "Diritto Costitu-
zionale," una materia impegnativa. Dopo colazione, mi
dedicai ai miei libri, agli studi. Se inizialmente mi sentii a
mio agio, poi, non riuscii più a concentrarmi. Se si era
trattato di un sogno, aveva comunque lasciato in me una
profonda ferita.

Senza la forza di studiare a causa dell'ansia, decisi di
concentrarmi sui dettagli della giornata. Assaporai l'aroma
del caffè, del pranzo che stava preparando mia madre,
contemplai il pomeriggio arancione che filtrava dalla finestra della mia camera e ascoltai il canto degli uccellini, una
melodia che riempiva l'aria.

Mi pervase una sensazione di pace. Erano momenti di
gioia nascosti nelle piccole cose che spesso venivano date
per scontate o considerate prive di valore, ma che per me
erano inestimabili.

Il telefono stava in silenzio. Forse la presenza dei miei
genitori a casa aveva scoraggiato quella misteriosa donna.

L'idea che sapesse le abitudini della mia famiglia mi terrorizzava. Fintanto che non chiamava, potevo stare tranquillo, riflettere. Mi sedetti alla scrivania della mia camera da letto e spostai tutti i libri. Non era un buon momento per studiare.

Presi un quaderno dalla libreria, preparai la penna e cominciai a scrivere qualche pensiero, sotto forma di lettera indirizzata a Vittoria. Chissà, magari quella donna mentiva. Vittoria era viva, poteva sentirmi. Non sapevo come potergliela recapitare. Tutto ciò che sapevo di lei era svanito. Gli amici, i colleghi, nessuno sapeva più nulla della mia Vittoria.

Ma io presi a scrivere lo stesso.

Cara Vittoria,

Le tue parole mi hanno raggiunto come un'onda di emozioni che si infrange sugli scogli, lasciandomi senza fiato. Sono un misto di tristezza, commozione e sorpresa, un turbine di sentimenti che mi hanno attraversato profondamente. Eppure, non sono qui per rimproverarti, bensì per accogliere la tua confessione e liberare il mio cuore.

Mi hai insegnato davvero tanto, nel poco tempo che abbiamo avuto a disposizione. La vita è un dono prezioso e imprevedibile, un dono che scintilla di opportunità, una sfida continua che ci mette alla prova e ci fa crescere, offrendoci avventure uniche.

Dovremmo abbracciare questa offerta preziosa e condividerla generosamente con i nostri cari, senza indugi. Non dobbiamo dare per scontato che le persone intorno a noi conoscano la profondità dei nostri affetti; quindi, è fondamentale avere il coraggio di esprimere i nostri sentimenti con sincerità. Non possiamo illuderci che il tempo sia infinito e che possiamo procrastinare a piacere.

Troppo spesso rimandiamo le parole importanti, credendo erroneamente che il domani sia garantito. Tuttavia, il domani è incerto, e la vita ci invita a vivere il momento presente, esprimendo i nostri sentimenti con amore e sincerità. Non rimandiamo ciò che è davvero importante, poiché ogni istante è un'opportunità che potrebbe dissolversi nell'imprevisto della vita.

Prima di incontrare te, Vittoria, ero imprigionato nel silenzio, ma ora ho trovato la forza di vivere con coraggio e sincerità. Mentre molte persone si nascondono dietro facciate artificiose, io mi mostro per quello che sono e mostro il mio vero volto, come mi hai sempre detto di fare tu.

Non solo. Penso che la tua lettera sia stata un prezioso monito.

L'amore e il perdono hanno un potere rigenerante, possono agire come chiavi che sbloccano nuove porte verso il futuro. Attraverso di essi, possiamo intraprendere il nostro viaggio, portando con noi le lezioni e i ricordi preziosi di coloro che hanno lasciato un'impronta indelebile nei nostri cuori.

Quindi, Vittoria, ti perdono per tutto. Accetto il passato e costruisco un ponte verso la riconciliazione.

Vittoria, vorrei averti qui con me per dirti quanto sia profondamente grato per la tua presenza nella mia vita. In questo momento di sincerità, ti perdono sinceramente per ogni lacrima che ho versato, per ogni bugia che hai detto e per ogni ferita che abbiamo entrambi portato con noi. Questa rivelazione sincera mi dà il coraggio di abbracciare la verità, di accettare il passato e di cercare una strada verso un futuro tranquillo e sereno.

Guardo con orgoglio e ammirazione il ritratto di te che emerge da queste pagine. Sei stata la fiamma incrollabile che ha illuminato il mio cammino, la guida amorevole che ha trasformato i momenti oscuri in ricordi luminosi. La tua forza d'amore continua a toccarmi profondamente, e ancora oggi le tue parole danzano nella mia mente e nel mio cuore.

Sei stata la donna più bella e forte che abbia mai conosciuto, Vittoria, e il tuo impatto sulla mia vita è incancellabile. Hai compreso la mia anima e il mio cuore come nessun altro, e la tua presenza è stata la costante che ha dato colore alla mia esistenza. La tua luce ha illuminato i passi del nostro viaggio insieme, e non smetterò mai di esserti grato per questo.

Amore mio, sei stata la musa ispiratrice delle mie poesie più profonde. La prima poesia che ho scritto è stata per te, e tu hai condiviso con me i momenti più preziosi e le sfide della vita.

Nel girovagare dei giorni, sei stata la costante che ha dato significato alla mia esistenza.

Ti prego di liberarti dal rimorso per le tue scelte passate. Non c'è bisogno del mio perdono, poiché comprendo che ogni tua decisione è stata guidata dall'amore e dal desiderio puro di proteggermi dal tuo dolore. La tua generosità e sincerità hanno reso il nostro legame ancora più prezioso, e ti ringrazio di cuore per questo.

Non hai nulla da perdonare, Vittoria. Rispetto profondamente la tua autenticità e il coraggio che hai dimostrato. Uniamoci nel liberare ogni traccia di rimorso, nell'abbracciare il passato con gentilezza e compassione.

Che il tuo spirito trovi serenità e felicità nella dimensione in cui ora risiedi. Possa la luce che hai portato nelle nostre vite avvolgerti, e che tu possa danzare con gioia in questa dimensione senza fine.

Con un cuore colmo di amore eterno,
Il tuo Jo.

La lettera di Vittoria è stata, per me, un luminoso faro di amore genuino e autentico, un riflesso del suo coraggio nel navigare le acque della vita con determinazione, senza lasciare spazio ai rimpianti. La sua testimonianza mi ha offerto un dono inestimabile, una visione chiara di come l'amore possa essere vissuto senza riserve e di come ogni istante possa essere affrontato con spirito indomito.

Porterò con me questa preziosa eredità, il ricordo di Vittoria intessuto con i fili dell'amore, nel mio cuore per sempre.

Mi resi conto di quanto fossi fortunato e grato per l'affetto sincero che Vittoria aveva riversato su di me, ma ero anche tormentato dai rimpianti che affioravano, per non aver compreso prima i segnali che l'animo di Vittoria cercava di trasmettermi.

Chiusi il mio quaderno, avendo soddisfatto il mio bisogno di parlare con la mia amata, anche se in modo simbolico. In quell'attimo, mi sentii travolto da un vortice di emozioni: il dolore, le emozioni scatenate e l'incontenibile flusso di amore e gratitudine che Vittoria aveva instillato in me. Una straordinaria miscela di sentimenti si intrecciava.

CAPITOLO 10°

Per qualche giorno, la donna non si fece più sentire. Mi sentivo sollevato, ma anche ansioso. Temevo che potesse ricomparire da un momento all'altro. Fu un breve periodo sfuggente e privo di contorni precisi, poiché la mia mente era avvolta nella nebbia dell'angoscia.

Non ero in grado di calcolare il passare delle ore, poiché la cronologia era irrilevante nel vortice delle emozioni che mi travolgevano dopo aver letto la lettera di Vittoria.

Sembrava che le lancette dell'orologio si fossero fermate e che ogni istante si dilatasse all'infinito.

La ferita aperta nella mia anima pulsava come un costante eco, uno straziante richiamo che non concedeva tregua. Aveva strappato via una parte di me, lasciando un vuoto doloroso e lacerante.

Non avevo la forza né la capacità di affrontare le normali attività quotidiane. Le notti erano lunghe e insonni, il cibo aveva perso il suo sapore e il mondo esterno sembrava un luogo distante e sfocato. La mia mente non riusciva più a concentrarsi su nulla.

Era un dolore impossibile da ignorare o scacciare via. Si radicava profondamente, trasformando ogni respiro in un peso, ogni pensiero in un fardello.

Era chiaro che non potevo continuare a vivere in quello stato di paralisi emotiva.

Dovevo trovare una fessura, un varco verso la guarigione e la speranza, altrimenti sarei rimasto intrappolato in quel dolore per sempre, ma non sapevo come fare.

Forse, proprio quella donna aveva una risposta.

Il suo numero risultava inesistente. Non potevo ricontattarla, dovevo resistere all'attesa che si sarebbe fatta risentire. Mi ritrovavo spesso a fissare il telefono, con la convinzione che, di lì a poco, avrebbe squillato per me.

Mi chiesi quante volte quella donna avesse potuto scrutare la mia esistenza da lontano, senza che io me ne accorgessi. Forse aveva attraversato i giorni della mia solitudine come un fantasma curioso e attento, oppure aveva atteso pazientemente l'occasione giusta per fare il suo ingresso nella mia vita. Ammetto che l'idea di un incontro con questa misteriosa donna suscitò in me un brivido di emozione. Era come se si stesse aprendo una nuova porta, chissà, forse l'inizio di un nuovo capitolo nella mia vita, dopo tanto tempo passato da solo.

O forse era una truffa, un inganno, di quelli che si vedono in televisione tutti i giorni. Qualcuno voleva approfittarsi di me e sapeva solo alcune vaghe informazioni sulla mia relazione con Vittoria. Forse mi aveva detto che non ci fosse più, solo per rendermi più fragile. Non sapevo più come comportarmi con quelle informazioni.

In un pomeriggio di solitudine, mentre cercavo di chiarire la confusione dentro di me, il suono insistente del telefono si fece sentire, tagliando il silenzio dell'ambiente circostante.

Rimasi lì, immobile, a fissare quell'apparecchio bianco. Nel mio stato di sconcerto, mi ritrovai a osservarlo quasi con uno sguardo distante.

La mia coscienza si fece avanti con un consiglio deciso: "Rispondi," sussurrò.

Il telefono, però, continuava a squillare con la sua insistenza implacabile, come un richiamo che non poteva essere ignorato. Ogni squillo sembrava un piccolo colpo al cuore, un richiamo al quale ero chiamato a rispondere, fosse per curiosità o per una necessità che ancora dovevo scoprire.

Mi mossi con cautela, il cordless era appoggiato vicino a me, alla mia destra, lasciato sul tavolo dalla sera precedente. Il telefono e io eravamo divisi solo da pochi centimetri, non dovevo nemmeno sforzarmi per raggiungerlo, ma quei pochi passi sembravano una barriera incolmabile. L'atto di afferrarlo e portarlo all'orecchio richiedeva un coraggio che, in quel momento, stavo cercando di trovare in me stesso.

Respirai profondamente, cercando di raccogliere le mie emozioni e di prepararmi a ciò che avrebbe seguito.

La voce che risuonò dall'altro capo della linea mi colpì come un fulmine a ciel sereno:
«Buon pomeriggio - era lei - Spero che non mi deluda, ci tengo a lei, Jolly».

La serenità che avevo appena assaporato nei giorni precedenti si sgretolò all'istante, lasciando spazio a un tumulto di domande e incertezze. Mi sforzai di ritrovare la calma interiore, di domare l'onda di confusione che si stava alzando in me.

«Potrebbe gentilmente dirmi chi è, una volta per tutte?» chiesi con tono duro, cercando di mantenere la calma, anche se il mio cuore batteva con una frenesia incontenibile.

La sua risata composta al telefono era già una risposta: «Mi dica da quale angolo del mondo sta chiamando» le chiesi guardandomi attorno, scrutando se, fuori dalla finestra, qualcuno mi stesse osservando.

Le sue parole si fecero sentire nuovamente, fredde e incisive: «Da quale angolo non è importante, sono qui vicino a lei» disse, con un tono di voce che mi fece rabbrividire.

In giardino non c'era nessuno. Oltre il mio recinto, neppure. Ero solo, insieme al freddo dell'inverno.

«Mi spieghi il motivo di tutte queste chiamate quotidiane, non ne posso più» domandai con una calma apparente, cercando di nascondere il mio crescente disagio.

«Le ho già fatto la mia proposta, signor Jolly. Posso offrirle ciò che nessun altro ha mai osato. Posso toglierla dai suoi problemi personali, mentali, sentimentali e dai dolori fisici».

«Solo Dio potrebbe fare un miracolo simile» dissi chiudendo in fretta le tapparelle di casa, in modo che non mi vedesse.

Mi spostai in carrozzina da un lato all'altro della stanza, con il cordless tra la spalla e la testa.

«La vedo che è così solo e stufo, Jolly, non è una convivenza semplice la sua, con quell'altra compagna. Se decide di seguirmi, posso farle conoscere Dio in persona. Siamo molto vicini» mi disse.

«Non dica fesserie blasfeme, non si gioca con la religione» risposi arrabbiato.

«Vedo che non mi crede, Jolly, ma non mi importa» mi rispose.

Abbassai tutte le tapparelle e, prima di scomparire nel buio della mia casa, diedi un'ultima occhiata al giardino.
Il corvo era ancora lì, sulla staccionata, rumoroso, che gracchiava e mi fissava.
Ripensai alle parole di mio padre e poi serrai la tapparella. Accesi le luci per sentirmi meno solo e continuai la telefonata. Dovevo uscire fuori da quell'enigma, in un modo o nell'altro.

«Aspetti - risposi incerto, cercando di affrontare la situazione con un briciolo di autorità - Vengo a trovarla io se non le dispiace, mi dica dove si trova in questo momento» dissi, sperando che mi desse un indizio sulla sua provenienza.

«Non ho una vera casa, signor Jolly, sono sempre in viaggio» disse lei, con un tono di voce che sembrava nascondere qualcosa.

La mia relazione con la realtà si faceva sempre più debole, avevo la sensazione di sbandamento, l'effetto di vertigine nella mia mente. Ero timoroso che potessi svenire da un momento all'altro.

Decisi di spostare la sedia a rotelle fino al lavello della cucina, afferrando con mano tremante un bicchiere per riempirlo d'acqua. Avevo bisogno di quel gesto semplice per cercare di ristabilire un minimo di controllo sulla situazione, anche se sapevo che non avrebbe potuto cancellare le incertezze che mi stavano assalendo.

Ma poi ecco che succede l'inaspettato: nella mia casa, appollaiato sul divano, c'era il corvo. Era lì che mi fissava, entrato certamente dalla fessura della finestra lasciata aperta. Mi cadde il bicchiere dalle mani, si frantumò in mille pezzi. Tremai, mi mancò il respiro.

«A volte, alcune persone mi cercano quando sono disperate, e lei è una di quelle» mi disse lei dall'altro capo del telefono.

La sua voce era lontana e senza contorni, l'unica cosa a cui riuscivo a pensare era quel tremendo uccellaccio nel mio salotto.

«Lei è più di quello che crede, signor Jolly. La sua storia, i suoi ricordi, le sue battaglie, tutto questo ha un valore che va al di là delle apparenze. Io sono interessata a lei perché vedo oltre, vedo il potenziale nascosto, vedo la forza nell'anima di chi ha lottato. E sono qui per offrirle qualcosa che nessun altro può darle, la serenità eterna» continuò.

La presenza del corvo continuava a inquietarmi. Aveva il potere di catturare la mia attenzione e confondere ulteriormente le acque. Si lisciava il piumaggio e poi tornava a fissarmi. Era un simbolo che portava con sé un'aura di mistero e forza, e non potevo fare a meno di sentire che c'era una connessione tra il corvo e la donna.

Stavo per rispondere alla provocazione della donna, quando sentii un rumore provenire dall'esterno.

Sembrava il suono di passi sempre più vicini e distinti. Incuriosito, tesi l'orecchio, cercando di identificarne la fonte.

Il rumore cresceva costantemente in intensità e inizialmente pensai che fossero i miei genitori che erano tornati a casa in anticipo.

Tuttavia, non mi sembrava il rumore delle scarpe di mia mamma, che indossava sempre grandi stivali con le suole alte.

Né mi ricordavano gli scarponi di papà, anch'esse robuste e che creavano un suono sordo inconfondibile.

La tensione nell'aria divenne quasi palpabile. Alzai la tapparella della finestra che dava sull'ingresso della casa e il cuore mi balzò in gola. Notai una figura avvicinarsi lentamente alla mia abitazione. Era avvolta da un mantello nero e il cappuccio nascondeva il volto, conferendo un'atmosfera misteriosa a tutto l'evento. Mi sembrava di trovarmi in una scena di un film horror, e la paura prese il sopravvento.

Mi sentivo come se fossi sotto il controllo di una forza misteriosa e incapace di distogliere lo sguardo, nonostante l'istinto mi avvertisse di procedere con cautela.

Ripresi il telefono e chiamai la donna. Aiuto, gridai.

Lasciami stare, vattene. Ma nessuno venne in mio soccorso.

CAPITOLO 11°

«Le persone come lei portano l'anima segnata dal dolore. Io posso aiutarla per raggiungere la pace interiore, signor Jolly» dichiarò la voce, mentre tutto intorno a me era buio.

Non vedevo la donna. La strana figura era sparita, così come il corvo fuori da casa mia.

«Quindi su, mi accolga, signor Jolly, non c'è motivo di temere» mi incitò con dolcezza.

«Non ho bisogno del suo aiuto» replicai, cercando di mantenere un tono risoluto.

Il buio mi avvolgeva e mi comprimeva. Stavo sicuramente sognando, cercavo di ripeterlo nella mia mente per trovare una spiegazione a quella terribile esperienza.

«Lo vedremo, signor Jolly. Lo vedremo» ripeté lei dall'altra parte del telefono, come un oscuro oracolo.

«Ogni cosa che allontana dalla realtà è malefica e subdola» dissi, riprendendo una delle massime che diceva spesso mio zio.

Ero sicuro che quella donna la conoscesse, che l'avesse sentita, in qualche modo, pronunciata dallo zio. Lui me l'aveva detta durante una delle nostre passeggiate, quando ancora non avevo con me la mia sedia a rotelle. Mi teneva per un braccio.

Parlavamo di quelle persone che preferiscono assumere sostanze illecite pur di sentirsi più libere, di bere per divertirsi in discoteca e lui aveva avanzato questa massima che mi aveva colpito profondamente.

A volte anche io mi chiudevo in me stesso, nella poesia, nei miei sogni. Tuttavia, mi aveva detto lo zio, dovevo anche tornare nel mondo reale, per non creare illusioni dolorose. La realtà è spesso crudele, ma è tutto ciò che abbiamo. Dobbiamo imparare a farci i conti. Era stato il suo insegnamento anche quando Vittoria se n'era andata.

«Dicono tutti così, signor Jolly - disse la donna con voce ferma e imperturbabile - Pensano tutti che io sia malefica, subdola, ma poi, quando mi conoscono, comprendono che non c'è nulla di male in me».

«Questo gioco è durato troppo - dissi io rivoltandomi nel buio senza comprendere dove fossi - Mi dica chi è lei, perché conosce così tanto della mia vita».

Lei ridacchiò, fece un lungo sospiro e poi accettò di darmi una risposta: «Lei sa bene chi sono, signor Jolly. Mi ha invocata tante volte, sono venuta a fare visita alla sua famiglia in passato. Ricorda quando sua nonna, la figura guida e amorevole della sua vita, vi ha lasciati?

Era una donna straordinaria, pronta a sfidare il mondo, sempre scherzosa e aperta alle persone. Ho condiviso con lei gli ultimi anni della sua esistenza e nel tempo ho sviluppato un legame affettivo profondo. Quando le ho chiesto di stringere un'amicizia, fu entusiasta e mi disse che 'nella vita gli amici sono un bene prezioso'. Si ricorda quando se ne andò? Mi ha invocata. Ha rivolto a suo fratello la domanda: 'Perché continuare a soffrire, se bastava un gesto per volare via?' Ricorda quel momento? Fu la prima volta che parlava di me a qualcuno. E da allora, non ho mai smesso di seguirla».

Quel giorno era impresso nella mia memoria con vivida nitidezza, la partenza improvvisa di mia nonna aveva scosso le fondamenta della mia anima. Era svanita da questa vita senza preavviso, mentre conversava con i vicini di casa. Mi domandavo quale fosse stato il suo stato d'animo, se avesse provato dolore, e speravo in cuor mio che non fosse così.

Quella perdita aveva inaugurato una nuova fase della mia esistenza, la prima volta in cui avevo perso una figura così cara. Mai avrei potuto cancellare dalla mia mente né lei né il giorno in cui i suoi occhi avevano preso il volo verso il cielo.

«E si ricorda - riprese la donna, con la sua voce affilata come una lama di coltello, tagliando nella trama dei ricordi - quando i medici le comunicarono che la sua malattia avrebbe limitato l'uso delle gambe? Neanche in quella circostanza mi ha dimenticata, mi pensò intensamente.

Erano le sue speranze infrante, e la paura, palpabile, risuonava nell'aria, mentre si chiedeva se valesse la pena crescere e vivere ancorato a una sedia a rotelle».

Le sue parole assumevano un tono inquietante, quasi sinistro, evocando un resoconto crudo dei momenti più deboli e incerti della mia vita. Un senso di rimprovero avvolgeva il suo discorso, come se volesse scuotermi e darmi il senso di ogni scelta passata.

«Poi ho conosciuto Vittoria - proseguì lei - la sua meravigliosa fidanzata. Non sa quante volte ha parlato di lei mentre soffriva per la vostra separazione e la sua malattia. Avrebbe voluto tornare indietro, ma non stava affatto bene. Quindi, alla fine, mi ha chiesto di portarla via e io l'ho accontentata, mentre si trovava in mezzo alla natura».

Mentre la voce continuava a circondarmi e a stringersi intorno, mi abbandonai a un lungo respiro, accettando l'inevitabilità di dover affrontare questa situazione. Capii tutto all'istante. Non potevo prevedere quanto presto questo momento sarebbe arrivato. Non avevo mai immaginato il mio giorno così, con un dialogo lungo e tortuoso.

«Mi faccia almeno vedere il suo volto» dissi alla donna, ma tutto ciò che vidi era solo buio.

Mi dichiarai con risolutezza, come se avessi finalmente liberato me stesso dalle catene della paura che mi avevano imprigionato fino a quel momento.

«Quale volto? - rimbombò la sua voce nello spazio intorno a me - Io non sono materia. Io sono interna a lei. Se si guarda dentro, mi può vedere».

Con una mano tremante, mi asciugai il sudore che si era formato sulla mia fronte. Cercai di rilassarmi, di riportare un po' di calma in me.

Non sapevo cosa intendesse dire la donna con quella frase criptica. Cercai, ancora una volta, di pensare alle massime di mio zio, che per me erano sempre state di ispirazione. Un giorno, a mia nonna, aveva detto che la morte non ha volto e non ha voce. Semplicemente si presenta e non vuole spiegazioni: ti porta via in un attimo, anche se sei un bambino piccolo o una persona buona.

Forse avrei solo dovuto rassegnarmi. Quella donna mi stava portando via con sé e non potevo farci nulla.

Sperai solo di non soffrire e che, una volta finito il viaggio, di incontrare nuovamente Vittoria. Immaginavo i suoi bei capelli tra le mie dita, il profumo dei fiori appena colti.

Ricordavo bene la sua voce delicata e speravo solo di poterla riascoltare, prima o poi.

«Ho molta paura - ammisi rassegnato - Io amo la vita, anche se è stata dura e crudele con me. So che non è il mio momento, che ho ancora molto da dare al mondo e non voglio che i miei genitori siano tristi».

«Non soffrirà, signor Jolly - disse la donna, leggendomi forse nella mente - Lei è diverso dagli altri. Possiede una capacità di amare straordinaria, un dono che pochi comprendono appieno. Io la vedo, signor Jolly. Nessuno riesce a capirla quanto me. Il suo cuore è frantumato e questa vita sembra non essere più adatta a lei. Mi ha invocata tante volte e ora sono qui per lei, non mi rifiuti. Si lasci andare, anche io faccio parte della sua vita e di quella di altre persone. Con me non soffrirà mai, segua il suo cuore per una volta, faccia la cosa giusta».

Le sue parole mi fecero provare una miscela di emozioni: nervosismo, un po' di paura, sembrava essere in grado di scrutare i meandri dei miei pensieri più profondi.

Mi sentivo sedotto, come se il suo richiamo avesse risvegliato sentimenti sopiti in me e quasi mi commossi davanti a questa forza irresistibile che sembrava guidare il mio destino verso l'ignoto.

Nonostante la mia natura di solito forte e indipendente, quella donna misteriosa aveva messo a nudo una piccola crepa nella mia armatura. La sua promessa di guarire i dolori dell'anima era affascinante e mi faceva riflettere.

Mi dissi che avesse ragione, che non ci fosse più scelta per me.

Dopotutto, avevo perso l'amore della mia vita. La malattia di cui soffrivo mi avrebbe accompagnato per tutto il tempo che mi rimaneva. Non ero solito vedere il negativo nelle cose, ma la mia sofferenza era molta.

L'avevo sempre allietata con la poesia, con la letteratura, con la bellezza delle piccole cose che mi circondavano.

L'affetto dei miei genitori, dei miei pochi amici, le chiacchierate al *baracchino*.

«Nella vita - riprese improvvisamente la voce, con una profonda amarezza - pochi sono quelli veramente disposti a offrirti una mano. Gli altri scompaiono, ti deludono, e ti abbandonano a gestire i tuoi demoni interiori e le tue paure da solo. Quante volte ha sperimentato questa triste verità? Quante volte ha sospirato per una via di fuga, stanco di sentirsi rifiutato e solo? Io ero lì, pronta a estendere il mio aiuto, signor Jolly, ma lei non riusciva a vedermi, a percepire la mia presenza vicina e affettuosa. Ma ora, le cose sono cambiate. Ora è giunto il mio momento di andare avanti, di non arretrare. E lei, signor Jolly, dovrebbe comprendere che non può ignorare il desiderio di una donna determinata come me. Un desiderio di condurla lungo un cammino nuovo, di farla sentire il calore del mio abbraccio eterno. Non posso permettere che le sue risposte si disperdano nell'aria, alle mie richieste non si può voltare le spalle».

All'improvviso, sentii una ventata d'aria accarezzarmi il volto. Di fronte a me, nell'oscurità, si fermò il corvo, lo stesso che avevo visto in giardino. Era una creatura unica e meravigliosa.

Con le sue ali tenebrose spiegate, incarnava una libertà che a me sembrava essere negata. Una libertà di movimento, ma non di pensiero.

In un attimo, tutto mi fu chiaro: avevo sofferto molto, certo, ma dentro di me avevo ancora la possibilità di decidere. La morte di solito porta via chi vuole, non chiede il permesso. Ma io, come aveva detto lei stessa, stavo vivendo un'opportunità. Dovevo coglierla in fretta.

Dovevo seguire il mio cuore, ricordarmi che, nonostante non potessi muovermi come altre persone, la mia mente poteva esplorare luoghi remoti ed emozioni che non conoscevo.

Non potevo darla vinta alla morte.

«Non è il momento» le dissi.

Pronunciando queste parole, il corvo, come sgomento, spiccò il volo. La donna non parlò. Il tempo si fermò, calò il silenzio.

Decisi allora di sfruttare la mia libertà di pensiero, la mia possibilità di parlare, di dire la mia, e continuai: «Mi duole profondamente, ma non posso aderire alla sua richiesta. Sto attualmente dedicando tempo e impegno a progetti di fondamentale importanza per il mio futuro. Sono concentrato nello studio per affrontare alcuni esami e ho fatto a me stesso la promessa di conseguire la laurea. Questa sfida non è solo mia, ma anche dei miei genitori, per onorare i numerosi sacrifici che hanno profuso per me nel corso del tempo» risposi con decisione, riaffermando le mie priorità.

I suoi rumori di fondo nel telefono rifletterono chiaramente una delusione palpabile. Lei era ancora lì, ma non parlava.

Ascoltava e basta, aspettava che continuassi:
«Mi dispiace profondamente per la situazione che sta affrontando, capisco quanto possa essere brutto sentirsi trascurati da coloro che ci circondano - le dissi - ma non per questo penso che la soluzione migliore sia nascondersi, scappare dai propri problemi. Lei deve solo fare quello per cui esiste, ovvero convincerci che grazie a lei le sofferenze si plachino. Ma ne è sicura? Magari chi decide di seguirla scopre un mondo nuovo, senza sofferenze, dove riconciliarsi con i propri cari che non ci sono più. Ma cosa dire di chi resta qui? Non soffrono queste persone? Io non me lo posso permettere».

In lontananza, sentii il rumore del baracchino, la suoneria che indicava che qualcuno stava chiamando.
Nel buio, non vedevo nulla, non sapevo dove fosse la mia ricetrasmittente. Mi commossi nel sentire quel suono.
Qualcuno mi stava cercando e potevo tornare a parlare con tante persone gentili.

«So che non sarà semplice - continuai con un po' di commozione nella voce - ma so con sicurezza che raccoglierò la forza necessaria per proseguire, anche se ciò implica la conquista di ostacoli in solitudine. Sono ormai pronto ad affrontare ogni sfida che l'esistenza mi riserverà, affrontando il destino con coraggio e determinazione» conclusi.

Una brezza fredda accarezzò il mio viso, come se qualcuno avesse aperto la porta di casa. Non mi diede per niente fastidio. Mi fece sentire vivo.

«Guardi quanto è splendida la giornata oggi» dissi alla donna.

Immaginai nella mia mente il mio giardino innevato, il profumo dei biscotti provenire dalla casa della vicina. La neve aveva reso tutto uguale, tutto bianco, ma anche magico. Immaginavo il ghiaccio che scendeva dal tetto, lo sbrilluccichio dei prati coperti di un manto soffice.

«Sa cosa penso? - le chiesi, nonostante fossi quasi certo che non avrei ricevuto risposta - Lei non è così male come la descrivono. La sua voce è una musica. Deve avere una pelle limpida e occhi chiari, quasi eterei. Mi dispiace profondamente se le ho arrecato sofferenza, scegliendo sempre l'altra compagna. Tuttavia, per rispondere al quesito che per anni mi ha assillato la mente, penso che non ci sia compagna migliore per una conversazione che la vita. Anche se a volte può sembrare dura, grazie a lei abbiamo il completo controllo. Possiamo decidere noi cosa fare, cosa pensare, dove andare, anche se una malattia ci ostacola. Siamo liberi, siamo leggeri e possiamo scegliere. Con la morte no. Decide lei, non si discute. Quando è il nostro momento, dobbiamo accettarlo. Io, signora, scelgo ancora di conversare con la vita. Un giorno ci rivedremo e potrò ringraziarla di persona per questa occasione che mi sta dando. Ma per ora, ho davvero tante cose da fare».

CAPITOLO 12°

La donna non rispose mai. Il buio cominciò a diradarsi. In qualche modo, mi risvegliai nella mia stanza. In un battito di ciglia, passai dal buio alla luce. La finestra era aperta, i raggi e il vento freddo penetravano.

Dopo una settimana trascorsa all'interno delle mura domestiche, tra gli studi e la limitazione di movimento imposta dalla sedia a rotelle, prendere un po' di sole rappresentava un piacere.

La luce solare di quel giorno pareva scaldarmi dall'interno, avvolgendomi con un tepore che riusciva a penetrare dai vetri fin dentro l'anima. Il freddo non si rivelava affatto fastidioso, anzi, donava una sensazione gradevole, quasi a farmi dubitare che il periodo invernale fosse ancora in corso. L'aria portava con sé una freschezza primaverile, contribuendo a generare un'atmosfera quasi incantata.

Ero di fronte allo specchio e la mia immagine riflessa sembrava un'ombra sfumata che emergeva e si dileguava tra le sfumature di luce e buio, come un fantasma che cercava disperatamente di assumere una forma.

La testa era più pesante del solito, come se un vuoto si fosse insinuato dentro di me. Mi sentii come se mi fossi appena svegliato dopo un incubo, un po' assonnato e allo stesso tempo agitato, con il cuore palpitante.

Eppure, sapevo di non aver dormito. Ero sveglio, avevo parlato con quella donna, avevo visto il corvo manifestarsi di fronte a me.

Riflettevo sulla personificazione stessa della morte, un'entità misteriosa che si era manifestata davanti a me con un proposito al di là della comprensione umana. Il suo annuncio silenzioso della sua presenza aveva generato in me un turbine di pensieri. Mi trovavo di fronte a un confine invisibile, un varco tra il noto e l'ignoto. In quel momento, la mia esistenza sembrava sospesa tra le trame del destino e la libertà della scelta.

Il peso delle sue parole echeggiava ancora nella mia mente e mi sforzavo di decifrare il significato profondo di ciò che era appena accaduto. La morte, in tutta la sua immanenza, si era presentata come un tramite, un passaggio inevitabile verso qualcosa di al di là della mia comprensione terrena.

Avevo fatto una scelta, mi ero confrontato con la prospettiva di un viaggio senza ritorno. Non potevo fare a meno di interrogarmi sulla natura stessa della vita e sulla ragione della mia esistenza. La morte, con la sua voce senza emozioni, mi aveva invitato a esplorare il significato intrinseco della mia breve permanenza in questo mondo.

Mi ero trovato ad affrontare la realtà di fronte a me, una realtà che non si limitava alla temporalità della vita terrena, materiale e visibile, ma anche quella spirituale e invisibile.

La morte rappresentava un ponte, una transizione che avrebbe ridefinito la mia esistenza in eterno. La morte non era solo la fine di un percorso, ma l'inizio di qualcosa di nuovo. In quel momento di riflessione mi ero reso conto di quanto sia limitata la mia percezione della vita e della morte.

Mi domandai se avrei potuto accettare questo passaggio inevitabile con serenità, abbracciando l'ignoto con la consapevolezza che ogni istante di vita aveva un valore intrinseco. La morte, non come fine, ma come trasformazione, mi invitava a guardare oltre la materialità della vita e a cogliere la sua essenza più profonda.

Le sue parole risonavano come un invito a esplorare il mistero della vita e della morte con occhi aperti. Era una prospettiva che mi spingeva a cercare il significato della mia esistenza.

In quel momento, il timore della morte cedeva il passo a una crescente consapevolezza della bellezza e della complessità della vita. La morte, con la sua presenza imminente, diventava un compagno di viaggio, una guida attraverso il passaggio inevitabile dalla finitezza all'infinito.

Entrò mia mamma in camera, con una bacinella di acqua calda.

Sul suo volto, si disegnò un grande sorriso: «Meno male, stai bene. Prima eri come svenuto. È durato poco, ma per un attimo hai smesso di rispondere» mi si avvicinò e mi posò uno straccio bagnato sulla fronte.

Le fui grato per quel gesto. Avevo sudato, forse per via dell'agitazione. Mamma chiuse tutte le finestre e mi disse che presto ci avrebbe fatto visita il medico di famiglia, per accertarsi che mi fosse accaduto solo un episodio isolato.

Lasciò la mia stanza sorridendomi e la ringraziai per la sua premura.

Le parole della morte avevano cercato di oscurare il significato della vita, ma dentro di me si era accesa una fiamma di determinazione. Deciso a esplorare il mistero della vita, continuai a rimanere aperto alle nuove possibilità. Sentii un richiamo verso la vita, un'invocazione alla curiosità, a esplorare l'enigma della mia esistenza.

Forse non avrei mai avuto una risposta definitiva, ma comprendevo che la bellezza risiede nel viaggio, nella continua ricerca del significato vita. Ogni passo è un'opportunità di crescita, un tassello nel mosaico straordinario della vita. Nonostante il dubbio tentasse di avvolgermi, mi sono aggrappato alla luce della speranza con l'aiuto di Dio. Ho sentito la chiamata a rendere ogni istante significativo, a lasciare un'impronta positiva. Non avrei mai smesso di cercare ispirazione nel mistero di ogni momento, perché il vero significato della mia esistenza si trovava nella continua ricerca, nell'apertura al nuovo.

Siamo privilegiati, con molto da offrire. Molti dipendono da ciò che possiamo donare. Basta dare un'occhiata intorno. Questo, a mio avviso, è il significato più grande e prezioso della vita.

CAPITOLO 13°

Pensavo spesso a Vittoria, che era mancata pochi mesi prima. Fu difficile sia giungere a questa conclusione, sia accettarla.

Dopo aver appreso della dipartita di Vittoria, il mio rapporto con la morte cambiò, divenne pieno di dubbi. Le mie incertezze danzavano come foglie in una tempesta, avvolgendo ogni respiro dei miei pensieri in una densa nebbia. Gli interrogativi acuminati trafiggevano la mia mente, tracciando segni profondi nell'anima.

Quello che la morte mi aveva rivelato poteva essere veritiero, ma altrettanto poteva non esserlo. Ogni dubbio dava vita a nuove domande, costringendomi a confrontarmi con l'inevitabilità della morte. Tuttavia, in me persisteva una fiammella di speranza, una luce che rifiutava di spegnersi.

Riconoscevo l'importanza di trovare chiarezza. Dovevo esplorare ogni angolo della mia mente, affrontare i dubbi con coraggio e risolvere gli interrogativi che la morte mi aveva posto. Solo così avrei potuto distinguere la verità dall'illusione, la certezza dall'incertezza.

Decisi di lottare con tutta la mia forza, di abbracciare la vita con ogni sua sfumatura d'incertezza, affrontando i dubbi con il coraggio e la perseveranza che albergavano in me.

E l'unico mezzo che avevo a disposizione per conoscere la verità sulla vita era Dio.

Mi feci accompagnare in chiesa. Avevo bisogno di riflettere, di comprendere, di dialogare anche con Dio, dopo aver affrontato il discorso con la morte. Mi servivano risposte.

Entrai nella piccola navata e presi posto in una zona isolata, in modo che altri fedeli che avevano bisogno di intimità non si sentissero disturbati. Spinsi la sedia a rotelle vicino a un piccolo altare a lato della navata, dove c'era una rappresentazione di Gesù. Mi rivolsi proprio a lui, con le mani raccolte in preghiera.

«Ho così tante domande e ho bisogno di risposte» dissi osservando bene l'icona, che emise un soffio divino e cominciò a parlare: «Io ci sono per salvarti» mi rispose.

Non avrei mai pensato di poter rivolgermi direttamente a Dio, ma la morte aveva cambiato tutto.

«Mi tormenta un interrogativo angosciante: perché esiste la morte?» gli chiesi immediatamente, ripensando all'incredibile incontro che avevo vissuto qualche giorno prima.

Dio rivolse su di me uno sguardo compassionevole e disse con affetto: «Figlio mio, la morte è parte integrante del ciclo della vita. Non l'ho plasmata come punizione, ma come meccanismo di trasformazione e salvezza. Non segna la fine, ma il passaggio a una nuova esistenza. È un confine verso la gioia eterna. La resurrezione di mio Figlio dimostra che la morte non ha l'ultima parola. La tua fedeltà sarà premiata con la vita eterna, in una dimora d'amore nel cielo. Non temere, sono con te in ogni passo».

Sentii il bisogno di comprendere di più: «Perché, allora, hai concesso la morte fisica? - chiesi - Come avviene e come posso scrutare questo mistero eterno?»

Con gentilezza, Lui aprì la mia mente: «La concessione è alla vita eterna, non alla morte. Quest'ultima è la conseguenza del peccato originale. La morte fisica separa materia e spirito, conducendoti alla mia dimensione. Ora sei in attesa, dimorante in una capanna, prima di condividere la mia casa e vivere una vita vera e completa».

«Ma cosa intendi esattamente per 'vita vera'?»

«Per vita vera intendo la vita eterna, quella che si schiude oltre il velo della morte fisica, ma questo è privilegio soltanto per coloro che scelgono di seguirmi e amarmi. La vita eterna si trasforma in un'armoniosa comunione con me e con tutti i Santi nel Paradiso.

È un'esistenza senza fine, una gioia senza confini, e rappresenta il culmine e il fine ultimo della tua esistenza. Secondo questa visione, dopo la morte, l'anima si riscopre in una manifestazione fedele della propria essenza. La pelle assume le sembianze degli abiti, e si ritorna a uno stato di giovinezza. Se hai sofferto di disabilità, ti troverai rigenerato in una salute perfetta. Tuttavia, se durante la vita terrena hai compiuto azioni negative, affronti le conseguenze di tali scelte».

Sorrido e continuo: «Ti rendi conto, Dio, che per noi umani è difficile comprendere tutto ciò?»

Mi risponde con affetto: «Certamente, figlio mio. Capisco che la vostra mente sia limitata nel comprendere le profondità del divino. Ecco perché vi ho donato la fede e l'amore, perché possiate avvicinarvi a me con il cuore aperto, oltre le barriere della razionalità umana. La fede ti permette di accogliere l'incomprensibile, di abbracciare l'inspiegabile, mentre l'amore ti connette direttamente con la mia essenza».

Le sue parole erano come melodie intrecciate in un canto celestiale, una risposta che oltrepassava la comprensione umana.

Mi sentii profondamente umile di fronte a questa visione dell'esistenza divina, e chiesi: «Come posso, io, umile umano, comprendere e connettermi con te, considerando la tua grandezza?».

La sua risposta rifletteva saggezza infinita: «Sempre attraverso la fede e l'amore. La fede ti consente di accogliere la mia grandezza divina, permettendoti di superare i muri dell'incomprensione e dell'incertezza.

D'altra parte, l'amore crea un legame immediato e personale tra il tuo cuore e il mio, trasformando l'adorazione in un'esperienza viva e autentica. Perché la tua fede risieda nel profondo del tuo essere, è importante aprirsi all'amore altruista, permettendo a entrambi di fiorire e crescere insieme. Osserva la bellezza e l'armonia che colmano il mondo naturale e nelle relazioni umane. In ogni atto di gentilezza, in ogni scintilla di compassione, troverai un riflesso della mia presenza. Sii un catalizzatore di amore e luce nel mondo, e la tua connessione con me si rafforzerà».

Le sue parole risuonarono nel mio cuore come un confortante abbraccio di comprensione e amore.

Riconobbi la verità in ciò che diceva e sentii una profonda riconoscenza per la sua presenza. Ebbi la sensazione come se un raggio di luce attraversasse il peso del dolore passato. Era come se le parole di Dio stessero rinnovando la mia prospettiva, aprendo un sentiero di speranza e guarigione. Eppure, il peso delle sofferenze della vita non mi lasciava in pace.

«Come posso superare gli ostacoli in momenti difficili e trovare conforto e coraggio? - chiesi con un po' di rassegnazione - Dopotutto, la mia vita è stata molto difficile e adesso ho perso anche l'amore della mia vita. Vorrei solo essere felice e stare bene».

Sentii come una carezza sul mio capo, avvolgente e paterna: «Le paure e i dubbi sono parte dell'esperienza umana, ma tu sei dotato di forza interiore. Coltiva la consapevolezza nel momento presente, pratica la gratitudine per ogni dono della vita e vivi con compassione verso te stesso e gli altri. Quando i pensieri negativi emergono, lasciali fluire come nuvole passeggere nel cielo della tua mente. Focalizzati sulla luce e l'amore che risiedono in te e nell'universo intorno a te. Il coraggio crescerà quando nutrirai l'amore per te stesso e abbraccerai la connessione con la tua parte divina. Puoi iniziare coltivando l'amore e la compassione nel tuo cuore. Tratta gli altri con gentilezza e rispetto, e offri il tuo aiuto a chi è nel bisogno. Combatti l'ingiustizia con la forza della verità e difendi coloro che sono oppressi. Diffondi la speranza e l'ispirazione attraverso le tue parole e le tue azioni. Lavora per costruire legami di unità tra gli esseri umani, superando divisioni e pregiudizi. Sii un faro di luce nell'oscurità, offrendo il tuo amore e la tua saggezza a chi ne ha bisogno. Ricorda che anche un piccolo atto di gentilezza può fare una grande differenza».

Mi sentii rincuorato dalle sue parole e dissi: «Grazie, Dio, per guidarmi attraverso le tue parole di fede. Cercherò di coltivare la fiducia e l'amore nel mio cuore, e accoglierò la tua guida con cuore aperto e gratitudine».

Gli dissi ancora: «Ho un'altra domanda da farti, forse la più importante: qual è il senso della vita?»

Dio posò il suo sguardo amorevole su di me e rispose con voce calda e compassionevole: «Figlio mio, la questione del senso della vita ha sempre affascinato l'umanità. È un concetto profondo e complesso, che varia da persona a persona. Non esiste un senso universale della vita, poiché questo dipende dalle credenze e dalle visioni individuali. Alcuni possono trovare il senso della vita nella realizzazione personale, nella ricchezza, nella felicità, nell'amore, nella famiglia o nel successo professionale. Altri possono trovare il loro scopo nella spiritualità o nella religione che abbracciano. Questa domanda non ammette risposte univoche, ma si svela attraverso diverse prospettive. È un enigma che richiede riflessione, ricerca e un dialogo profondo con sé stessi. Ho creato l'essere umano per essere libero e responsabile, capace di amare e ricevere amore. Ho donato a ciascuno di voi doni e talenti speciali, e la vostra responsabilità è coltivarli per il vostro beneficio personale e per contribuire al benessere degli altri. Ognuno di voi ha una missione unica da scoprire e portare a compimento. Portate con voi la speranza e diffondetela nel mondo, poiché avete un destino da inseguire e da realizzare».

Il suo amorevole sorriso sembrava abbracciarmi attraverso il tempo e lo spazio: «Sii in pace, figlio mio. Io sarò sempre con te, guidandoti nel tuo cammino verso la verità e l'abbondanza dell'amore universale».

Lo ringraziai per la sua immensa saggezza e feci il segno della croce. Poggiai le mani sulle ruote della carrozzina e la voltai per dirigermi verso l'uscita.

Tuttavia, ancora un dubbio vagava nella mia mente: «Le tue parole mi commuovono e mi rassicurano. Ma allora perché mi hai fatto soffrire?» chiesi voltandomi ancora un secondo a guardare l'icona.

«Riconosco l'amaro che hai assaporato nella sofferenza - disse con profonda tristezza - Ma sappi che non ho intenzionalmente inflitto il dolore. Ti ho dato la libertà di scegliere e vivere le conseguenze delle tue scelte. La sofferenza è un riflesso della fragilità umana e della scelta di allontanarsi da me. Tuttavia, non l'ho lasciata senza scopo. È attraverso la sofferenza che si può trovare la forza di crescere e la compassione per gli altri. La mia speranza è che, nonostante il dolore, troverai la via verso la felicità e l'amore. Ti ho offerto speranza e fede come guida per superare le difficoltà. Ogni atto di compassione sarà una nota armoniosa nell'orchestra dell'amore. Ricorda che la sofferenza è una moneta per acquistare la promessa della vita eterna, dove ogni cuore è colmo di gioia e pace. È lì che potrai trovare il riposo eterno dalla sofferenza, in comunione con me e con coloro che hai amato».

Con un cuore più leggero, dissi: «Grazie per avermi illuminato con la tua saggezza e la tua pazienza. Cercherò di abbracciare il mio percorso con coraggio e di portare il tuo messaggio di speranza e compassione agli altri, affinché possiamo insieme camminare verso la pace eterna».

CAPITOLO 14°

D opo l'incontro con Dio, mi sono impegnato al massimo per seguire il suo insegnamento. Desidero essere un canale di amore e guarigione nel mondo, contribuendo a ridurre il dispiacere con il mio impegno e la mia dedizione. Mi affido alla sua guida e alla sua forza mentre intraprendo questo cammino.

Le sue parole hanno guidato la mia introspezione e contemplazione, aprendo porte interiori mai esplorate prima. Si sono svelate come un prezioso manuale per la ricerca del significato, una mappa per esplorare le profondità dell'esistenza. In quel momento, ho provato un profondo senso di gratitudine per l'opportunità di intraprendere questo viaggio e scoprire la mia personale verità nella dolce compagnia di Dio. La sua presenza è stata come un tesoro nascosto nel cuore della mia anima.

Mi sono reso conto che il senso della vita è un enigma intricato, ma ora ho un'illuminante guida. Rifletto sulle sue parole, sentendo la ricchezza delle sue spiegazioni fluire attraverso la mia mente. La varietà di percorsi che ciascun individuo può seguire per comprendere il senso della vita mi appare ora come un'opportunità affascinante e affrontabile.

Per comprendere appieno il vero senso dell'esistenza, ho imparato a indirizzare il mio amore verso gli altri.

Riflettendo sulla fugacità del tempo concesso su questa terra, ho trovato la chiave per attribuire autenticità e soddisfazione al mio cammino. Il mio impegno si è manifestato nel seguire e amare, nell'osservare i comandamenti che rappresentano le leggi fondamentali dell'amore per il prossimo. Inoltre, ho dimostrato il mio amore aprendo il mio cuore per accogliere il Figlio, Gesù, il quale ha incarnato la missione di liberarci dalla morte e dal peccato attraverso il suo sacrificio, la sua morte e la sua risurrezione.

Certamente, la felicità è stata la mia compagna, qui sulla terra, ho sperimentato la gioia avvolto dalla tua grazia e consolazione. E nell'aldilà, sono certo che la gioia sarà ancora più intensa, condividendo la gloria e beatitudine.

Dopo il nostro dialogo, ero uscito dalla chiesa con il cuore ancora palpitante di emozione a causa di quell'esperienza straordinaria appena vissuta. Mi è stato concesso di comprendere il significato più profondo della vita e dell'oltre-vita, le risposte si sono dispiegate come petali di fiori a domande che avevano turbato il mio spirito.

In un attimo, le nebbie di incertezza e il timore si sono diradati, lasciando fili di luce che penetrano il buio.

In quel momento, ho sperimentato un sollievo diffondersi in me, trovando finalmente un faro sicuro, una guida nel caos della vita umana.

La consapevolezza mi ha avvolto: sono stato amato incondizionatamente da un Essere supremo, con ogni virtù e fallimento.

Questa verità mi ha colmato di gioia radicata nella profonda gratitudine. Non ero solo; un compagno Divino camminava al mio fianco attraverso ogni crocevia, ogni salita e discesa.

Questo incontro celestiale ha donato una visione nuova dell'esistenza, illuminando sia la vita che la morte con un bagliore di luce. Il timore dell'ignoto è svanito, lasciando spazio a un'accettazione serena della ciclicità umana.

Ogni frammento di tempo si è trasformato in una gemma scintillante di significato. La vita è un tesoro inestimabile, un'opportunità per fiorire, amare, imparare e condividere. La morte è una tappa effimera in un viaggio eterno dell'anima.

Oggi, la mia interiorità risplende di serenità e consapevolezza. La certezza di essere parte di un disegno Divino, tessuto con amore, mi avvolge in un abbraccio di pace. Nonostante l'incontro onirico, sento l'armonia risuonare nella realtà quotidiana.

Sono grato oltre misura per questa esperienza straordinaria, che ha aperto gli occhi su un universo di verità e amore. Sento il dovere di portare questo dono, abbracciando ogni istante con gratitudine, vivendo con ardore e gioia. Quando il momento dell'addio arriverà, lo accoglierò con serenità, confidando nell'eterno amore Divino, al di là del tempo.

CAPITOLO 15°

La giornata era limpida, il sole colorava il cielo con sfumature dorate mentre camminavo attraverso l'ampio cortile della mia associazione. Avevo appena ricevuto la notizia che il progetto di sostegno per i giovani affetti da malattie neuromuscolari aveva ottenuto un finanziamento significativo.

L'entusiasmo pulsava nel mio petto, la realizzazione di un sogno che avrebbe permesso di offrire ancor più opportunità a chi ne aveva più bisogno.

Indossavo l'abito della determinazione, pronto ad affrontare la giornata con slancio e passione. Mi avvicinai al gruppo di giovani, ognuno con la propria storia di coraggio e resilienza. Sorrisi mentre li salutavo, percependo il calore e l'energia positiva che emanavano nonostante le sfide che la vita aveva loro posto di fronte.

Decisi di organizzare una giornata speciale, un evento che celebrasse i successi e le conquiste di questi ragazzi straordinari. Chiamai tutti a radunarsi in una sala colorata, decorata con fotografie che raccontavano le storie di trionfo di ciascun partecipante. La sala risuonava di voci allegre e risate, un'atmosfera carica di gratitudine e speranza.

Prendendo il microfono, mi rivolsi al pubblico con un sorriso commosso:

«Oggi è un giorno speciale, un giorno in cui celebreremo il vostro coraggio e la vostra forza - dissi con voce vibrante - Grazie al recente sostegno, avremo ancora più risorse per ampliare le opportunità che offriamo. Ci saranno nuovi progetti, pronti a migliorare le vite di tutti, di persone come noi, dei loro cari».

Poi, uno dopo l'altro, chiamai ciascun partecipante sul palco per condividere la propria esperienza. Ogni testimonianza era un tassello nel mosaico di trionfo, un racconto di coraggio che aveva il potere di ispirare chiunque ascoltasse. Mentre la giornata proseguiva, i giovani si esibirono in attività che dimostrarono le loro abilità e talenti, dimostrando che le malattie neuromuscolari non potevano fermare la loro voglia di vivere appieno.

Nel pomeriggio organizzammo anche delle gare sportive per disabili con le carrozzine elettriche.

Premiammo i vincitori delle diverse categorie e furono tutti felici.

Mentre la giornata proseguiva, ripensavo anche alla mia esperienza. Avevo concluso brillantemente gli studi. Ho trasformato le sfide in opportunità di crescita, affrontando lotte senza preoccuparmi del successo o insuccesso. Ho capito che la vita è preziosa, da vivere appieno con la forza interiore come guida anche nelle tempeste più difficili.

Nonostante i momenti di fragilità e isolamento, la mia fede incrollabile e l'amore incondizionato per la vita mi hanno spinto a respingere il lamento della morte. Ho trovato la forza per lottare, nonostante le sfide fisiche e le debolezze del corpo.

Oggi, guardo indietro con gratitudine per ciò che ho realizzato. La mia associazione è diventata un faro di speranza e cambiamento, e sono fiero del cammino percorso. Continuerò a dedicare ogni giorno a questa causa, consapevole che il mio impegno può fare la differenza.

Guardando al futuro, mi impegno a ispirare e a essere ispirato. Sono grato per le sfide superate, che hanno forgiato la persona forte che sono oggi. Affronterò ogni nuovo ostacolo con la stessa passione, pronto a vivere ogni istante con profondo significato.

E mentre penso a questo, una ragazza si avvicinò al bancone accanto a me, per servirsi con del succo che i miei organizzatori avevano messo a disposizione degli ospiti: «Complimenti per il tuo progetto. Non posso credere che tu abbia fatto tutto da solo».

Era una sconosciuta, con un bellissimo sorriso.
Giovane, dalla pelle liscia e morbida. La ringrazio e mi presento. Lei fa lo stesso. Mi dà la mano. Dice che si chiama Alessandra, un nome lungo e carico di musicalità.

Era la sorella di uno dei partecipanti, un ragazzo con una malattia degenerativa:

«Apprezzo il tuo amore per la vita» mi disse sorseggiando il suo succo.

«La vita è un grande dono» le risposi ripensando al mio incontro con la morte.

Ogni giorno, la vita mi regalava piccoli tesori e momenti sereni. Anche di fronte all'ombra della morte, riflettevo sulla straordinaria valenza di ogni istante. Ogni respiro, ogni battito del cuore, rappresentava un capitolo irripetibile del mio viaggio. Il futuro poteva celare misteri, ma il mio cuore desiderava affrontarlo con passione e riconoscenza.

L'ombra della morte si rivelava come un maestro nella scuola della vita. Attraverso questa esperienza, scoprii la forza interiore che mi permetteva di affrontare le sfide e abbracciare le gioie. Osservando il mondo, una dolce ondata di speranza invadeva la mia anima. Mi preparavo ad accogliere ogni dono della vita, poiché nemmeno l'invocazione persistente della morte poteva offuscare la mia luce e passione.

«Fai bene - mi disse volgendo lo sguardo e salutando il fratello, seduto su una carrozzina elettrica poco lontano da noi - Il cammino della vita è lungo e tortuoso, bisogna imparare a sorridere alle sfide e a trovare forza nel sostegno reciproco con la vita stessa» concluse.

Le sue parole, così profonde, mi illuminarono. Pensava proprio le stesse cose che rimuginavo nella mente da anni. Era brillante e intelligente, nessuna donna aveva mai avuto una conversazione così pregna di significato con me.

«La vita, caro Jo - continuò - è una grande donna con cui avere dei dialoghi aperti. Non perda mai l'occasione di abbracciarla e tenerla stretta a sé» mi disse allontanandosi.

In quei mesi, la mia compagna vita, sempre generosa e paziente, mi offrì innumerevoli occasioni di reinventarmi e di riaffermare il mio amore per lei. Ero grato perché avevo compreso che ogni momento vissuto è un miracolo, una seconda possibilità abbracciata con gioia e fiducia.

La mia storia di vita ha avuto inizio con una caduta rovinosa dalle scale, segnando un momento di pura fragilità ancor prima di scoprire la mia malattia. Da quel punto di partenza impetuoso, ho intrapreso un viaggio di scoperta, affrontando la progressiva debolezza e atrofizzazione dei muscoli.

Nonostante la prospettiva di una paralisi totale, ho scelto di non arrendermi alla diagnosi, di non permettere alla sofferenza di trionfare. Ho abbracciato ogni soffio di vita, ogni respiro, anche quando è diventato un atto meccanico. Il mio viaggio è stato plasmato dall'incontro con l'oscurità, illuminato dalla forza di affrontarla.

Quella donna incontrata al mio evento aveva ragione: non dovevo più cedere al richiamo della morte, resistendo alle sue insistenze. La mia determinazione a restare ancorato doveva restare una fiamma tenace, una luce interiore che mi sosteneva attraverso le tempeste più oscure.

La mia storia doveva rimanere un inno all'indomita forza umana, una testimonianza che la vita può illuminare anche i recessi più bui dell'anima.

«Aspetti, signorina - richiamai la donna, che si voltò con un enorme sorriso - La prego, mi consenta di accompagnarla a fare una passeggiata».

Lei accettò e da quel giorno mi innamorai di lei. Più di prima.

Epilogo

A mano a mano che mi avvicino al crepuscolo della mia vita, contemplo l'ombra della morte, ma cerco di non permettere alla paura dell'ignoto di prendere il sopravvento. Il mio pensiero si posa amorevolmente sulle persone che ho amato e che mi hanno amato. Ogni passo insieme, ogni risata condivisa, ogni sfida superata è tessuto nei ricordi che mi accompagnano.

Trovo la forza per affrontare l'incertezza nelle relazioni e nelle emozioni condivise. Esprimo gratitudine per coloro che sono stati vicini a me, desiderando che comprendano quanto li ho amati. Guardo indietro con piacere per gli anni trascorsi, per gli affetti condivisi e le gioie che hanno riempito il mio cuore.

Riflettendo sul passato, mi rendo conto dell'importanza di esprimere amore, riconoscenza e apprezzamento. Ogni incontro è stato un tassello nel percorso dell'esperienza umana, ogni sorriso condiviso una pennellata di calore nella mia vita.

La morte, avvolta dal mistero, ci offre un'opportunità di contemplare la bellezza e la fragilità della vita.

Affronterò il destino con l'intrepidezza con cui ho abbracciato la vita, sapendo che il mio cuore continuerà a risuonare in quelli che mi hanno conosciuto davvero.

Mentre mi avvicino al confine tra due mondi, stringo nell'anima l'amore per ogni istante vissuto.

Queste parole portano con sé il mio amore e il desiderio di vedere la vita celebrata in ogni suo sfarzo. Mentre il mio respiro si spegne, so che la scintilla dell'essenza che ho condiviso continuerà a brillare, incastonata nei cuori di coloro che mi hanno amato. In questo, trovo la vera eternità.

Esistenza

Nel silenzio della notte,
quando il mondo è immerso nel sonno,
io mi chiedo se esiste
un senso a questo mio vivere.

Guardo il cielo stellato
e mi sento piccolo e solo,
come un granello di sabbia
nell'immensità dell'universo.

Ma poi mi accorgo che la bellezza
è ovunque intorno a me,
nella natura che mi circonda
e nei sentimenti che mi animano.

E allora mi sento fortunato
di poter vivere questa vita,
anche se breve e incerta,
ma piena di emozioni e speranze.

Così come Leopardi,
che cercava la verità
nella bellezza della natura
e nell'infinito dell'universo.

E forse è proprio questo
il senso della nostra esistenza,
trovare la bellezza e la poesia
in ogni cosa che ci circonda.

Sommario

Printed in Great Britain
by Amazon